Drachenfeuer

über Drachen, Schlangen und die Kundalini

Bücher von Harry Eilenstein:

- Astrologie (320 S.)
- Handbuch für Zauberlehrlinge (408 S.)
- Der Lebenskraftkörper (230 S.)
- Die Chakren (100 S.)
- Meditation (140 S.)
- Drachenfeuer (124 S.)
- Hathor und Re:
    Band 1: Götter und Mythen im Alten Ägypten (432 S.)
    Band 2: Die altägyptische Religion – Ursprünge, Kult und Magie (396 S.)
- Muttergöttin und Schamanen (140 S.)
- Christus (60 S.)
- Odin (284 S.)
- Kursus der praktischen Kabbala (150 S.)
- Eltern der Erde (450 S.)
- Blüten des Lebensbaumes:
    Band 1: Die Struktur des kabbalistischen Lebensbaumes (370 S.)
    Band 2: Der kabbalistische Lebensbaum als Forschungshilfsmittel (580 S.)
    Band 3: Der kabbalistische Lebensbaum als spirituelle Landkarte (520 S.)
- Über die Freude (100 S.)
- Das Geheimnis des Seelenfriedens (252 S.)
- Von innerer Fülle zu äußerem Gedeihen (52 S.)

Kontakt

> www.HarryEilenstein.de
> Harry.Eilenstein@web.de

Impressum:

Copyright: 2009 by Harry Eilenstein
Alle Rechte, insbesondere auch das der Übersetzung, vorbehalten. Kein Teil des Buches darf ohne schriftliche Genehmigung des Autors und des Verlages – nicht als Fotokopie, Mikrofilm, auf elektronischen Datenträgern oder im Internet – reproduziert, übersetzt, gespeichert oder verbreitet werden.
Herstellung und Verlag: Books on Demand GmbH, Norderstedt
ISBN: 9783839126868

für den weißgoldenen Drachen
in Dankbarkeit

Inhaltsverzeichnis

1. Drako – erste Berührung

Haben Sie schon mal eine Schlange angefaßt? Noch nicht? Was glauben Sie, wie sich eine Schlange anfühlt? Was halten Sie davon, Ihre Vorstellung einmal zu überprüfen? Vielleicht sehen Sie ja demnächst einmal auf einer Wiese oder unter dem Efeu auf dem Boden eines schattigen, lichten Waldes eine Blindschleiche ... oder Sie schauen sich mal in einer Spezialtierhandlung für Reptilien um und fragen mal, ob Sie eine der Schlangen anfassen dürfen aber fangen Sie lieber mit den ungiftigen an ...

Es lohnt sich, einmal zu spüren, wie sich eine Schlange anfühlt, wie ihre Haut beschaffen ist, wie sich ihre Muskeln anfühlen, ihre Festigkeit, ihre Art, sich zu bewegen ... das Anfassen und ganz konkrete Spüren und Erleben hilft zu vermeiden, daß die Ansichten über die Schlangen zu verkopft werden.

Falls Sie im Urlaub im Süden eine schöne grüne Schlange auf dem Baum sehen sollten, ist in dem Fall von einem näheren Kontakt mit dieser Schlange jedoch dringend abzuraten. Selbst wenn man einen Schlangenbiß überlebt, ist das keine nette Angelegenheit – schauen Sie sich mal im Internet die Fotos unter dem Suchbegriff „Schlangenbiß" an ...

Warum das Buch „Drachenfeuer" heißt und ich hier über Schlangen rede, möchten Sie wissen? Nun, das Wort „Drache" kommt von dem griechischen Wort „drako", das „Schlange" bedeutet, und Schlangen kann man sich immerhin im Zoo ansehen, aber mit Drachen ist das schwieriger.

Nun ist ja Drache nicht gleich Schlange, aber beide haben doch viel Ähnlichkeit miteinander, vor allem den langen, dünnen Leib, obwohl der Drache einen anderen Kopf und zusätzlich zur Schlange noch vier Beine hat. Drachen werden auch oft wie Echsen mit einem Schlangenleib dargestellt. Diese Ähnlichkeit scheint übrigens auch den Drachen selber bewußt zu sein – der Drache Smaug in Tolkiens „Hobbit" sagt in einem Selbstgespräch zu sich selber: „Wenn das nicht die Leute vom See waren, bin ich eine Eidechse!"

Auch andere haben schon Schlangen und Drachen verglichen wie z.B. die Schamanen in Tibet und Nepal und den angrenzenden Gebieten. Ich hatte eine Weile mal Probleme mit Adern, die an meiner Hand ständig platzten und habe zufällig (wie das eben immer so kommt ...) zwei nepalesische Schamanen getroffen und sie danach befragt. Diese beiden haben mir dann eine Reihe Fragen gestellt, um unterscheiden zu können, ob das Wesen, das das Platzen meiner Adern bewirkte, eine Schlange oder ein Drache ist.

Da ich in damals zu sehr plötzlichen Entschlüssen, zu Heftigkeit und zu Jähzorn neigte und manchmal in einem Anfall Dinge zerstört habe, war für sie die

5

„Schlangen"-Diagnose eindeutig. Beide haben mir versichert, daß Drachen friedliebender und weniger plötzlich sind – auch wenn sie eine deutlich größere Kraft haben.

Drachen und Schlangen sind schamanen-medizinisch, mythologisch und auch von ihrer Gestalt her Geschwister.

2. Im Reich der Drachen - Traumreisen

Schlangen kann man im Zoo besuchen gehen, aber wie kann man Informationen aus erster Hand über Drachen erhalten? Das Lesen von Drachenromanen, das Tragen von Drachenringen und das Anschauen von alten und neuen Darstellungen von Drachen sind Informationen aus zweiter Hand, denn diese Drachen sind von anderen Menschen gesehen oder ausgedacht und dann beschrieben oder gemalt oder geschmiedet worden. Man kann natürlich davon ausgehen, daß sich die meisten Autoren und Maler einigermaßen an die Tradition halten und ihnen die Intuition auch oft zutreffende Ideen über die Drachen eingibt – aber das „Drachen-Erlebnis" bleibt auf diese Weise dennoch ziemlich indirekt.

Wie sie an dem Titel dieses Kapitels sehen können, empfehle ich an dieser Stelle Traumreisen. Wissen Sie, was ich damit meine? Manchmal heißen sie auch Trancereisen, schamanische Reisen oder in Fachkreisen sogar katathymes Bild-Erleben ...

Eigentlich kennt sie jeder, der schon mal abends in der U-Bahn auf dem Weg von der Arbeit nach Hause einen Tagtraum hatte und in seinen letzten Urlaub abgeglitten ist und dann, als er gerade einen besonders schönen Sonnenuntergang am Meer wiedererlebte, von der Lautsprecheransage, die seine Zielhaltestelle ankündigte, in die weniger romantische Wirklichkeit zurückgeholt wurde.

Manchmal wird man auch morgens wach und träumt noch ein paar Sekunden bei vollem Bewußtsein weiter – das ist derselbe Zustand wie der Tagtraum.

Diesen Zustand kann man auch bewußt herbeirufen. Das ist vielleicht etwas ungewohnt in unserer Kultur, aber doch nicht so sehr, wie man zunächst vielleicht denkt. Hat Sie schon mal jemand nach dem Weg gefragt und Sie mußten sich sehr konzentrieren, den Weg richtig zu beschreiben, weil Sie sich in der betreffenden Ecke Ihrer Stadt selber nicht so gut auskannten? Ist Ihnen dabei aufgefallen, daß Sie sich den Weg innerlich bildlich vorgestellt haben und wie in Ihrer Vorstellung diesen Weg entlanggegangen sind, um ihn besser beschreiben zu können? Das ist eine Traumreise.

Dort innen in Ihnen in diesen Bildern gibt es nicht nur Straßen und das nächste Postamt, sondern auch Drachen – sehr lebendige und eigenständige Drachen ...

Vielleicht sagen sie nun: „Ach, alles Fantasie!" – und Sie hätten natürlich auch recht damit, denn schließlich sind die Bilder in einem selber zunächst einmal eben nur die eigenen inneren Bilder. Die Frage ist nur, ob sich darin schon die Realität der eigenen inneren Bilder erschöpft. Meiner Erfahrung nach nicht.

Kennen Sie das? Sie gehen durch die Stadt und auf einmal wird Ihnen komisch und Sie schauen sich um und sehen, daß Sie von einem Bekannten von Ihnen, der ein Stück weiter hinter Ihnen lief, entdeckt worden sind, und daß er Sie anschaut und sich bemüht, Sie einzuholen.

Dieses Spüren, daß man „von hinten angestarrt wird", ist instinktive Telepathie, die noch aus der Steinzeit stammt: Wenn den Neandertaler oder einen seiner Vorfahren ein hungriger Säbelzahntiger aus dem Gebüsch heraus angestarrt hat und sich schon auf sein Abendessen eingestellt hatte, war es für den Neandertaler ausgesprochen förderlich, wenn er den Blick des Säbelzahntigers telepathisch spüren konnte. Und solche Jahrmillionen alte instinktgeleitete, telepathische Überlebensfähigkeiten lassen sich zum Glück durch ein paar Jahrhunderte wissenschaftlicher Zivilisation, in denen die Menschen dachten, daß es Telepathie gar nicht gibt, nicht auslöschen.

Probieren Sie es bei Ihrer nächsten Party doch mal praktisch aus, ob es Telepathie gibt: Packen sie ein Dutzend Postkarten oder andere Bilder in Briefumschläge und geben Sie jeweils drei bis fünf Gästen einen solchen Umschlag und sagen ihnen, daß sie sich mal auf die Umschläge konzentrieren und dann auf einen Zettel aufschreiben sollen, was sie in den Umschlägen vermuten, also welche Eindrücke sie „sich einbilden". Danach lassen sie jede Gruppe ihre Ergebnisse vergleichen und sich zusammen überlegen, welches Bild sich ergeben würde, wenn man die drei bis fünf Wahrnehmungen miteinander kombiniert. Und danach: Umschlag öffnen – und staunen!

Wenn's nun im Einzelfall nachweisbare Telepathie gibt, dann darf man davon ausgehen, daß Telepathie dauernd passiert und daß man lediglich bewußt nicht allzu viel davon mitbekommt. Stellen Sie sich das nun einmal konkret vor: Alle Menschen sind telepathisch mit anderen Menschen verbunden – ein großes Netzwerk. C.G. Jung hat das das kollektive Unterbewußtsein genannt.

Nun herrscht da zum Glück kein großes Chaos, sondern durchaus Ordnung und Sinn: Telepathische Botschaften sind wie Briefe - sie enthalten eine bestimmte Botschaft, aber sie gehen nur auf die Reise, wenn sie ausreichend frankiert sind, d.h., wenn die Gefühle heftig genug sind, die mit diesen Botschaften verbunden sind. Und diese telepathischen Briefe reisen auch nicht einfach irgendwohin, da sie auch einen Adressaten haben – eben den Menschen, auf den sich die Botschaft und die Gefühle beziehen. Es gibt also ein kollektives inneres „Telepathie-Postamt", das alle diese Botschaften organisiert und weiterleitet – ohne daß irgendwo jemand sitzt und aufpaßt oder überhaupt nur arbeitet.

Um zur Veranschaulichung mal ein Beispiel dazu zu erzählen: Ich hatte mal einen Kollegen, mit dem ich mich nicht leicht getan habe – um es einmal milde zu formulieren. Eines Tages saß ich zu hause und sah diesen Kollegen auf einmal vor mir und spürte, wie er mal wieder sauer auf mich war und mir im Bioladen, in dem wir beide arbeiteten, eine wütende Botschaft schrieb. Die Botschaft konnte ich zumindest ansatzweise erkennen. Als ich dann später in den Laden kam, habe ich ihn als erstes gefragt, ob er mir zu betreffenden Uhrzeit ein Briefchen mit dem von mir bereits gesehenen Inhalt geschrieben hatte. Sein Gesicht hat mir ausgesprochen Spaß gemacht ...

Es ist bei der Telepathie (wenn man sie bewußt anwenden will) hilfreich, sich zumindest vorzustellen, daß es so etwas wie Lebenskraft gibt und daß diese Lebenskraft das „Papier" ist, auf dem die telepathischen Briefe geschrieben werden. Man kann diese Lebenskraft auch sehen – besonders eignet sich dafür Dämmerlicht. Um die Köpfe von Menschen und manchmal auch auf frischen Gräbern oder an Orten, wo vor kurzem jemand einen Orgasmus hatte, kann man sie am besten sehen: ein milchig-weißes Leuchten mit einem leichten Blauschimmer.

Dieses Leuchten um den Kopf eines Menschen ist natürlich dann am deutlichsten, wenn der betreffende Mensch besonders viel Lebenskraft hat, also „heil" ist – was als Heiligenschein allgemein bekannt ist ...

Von der hellsichtigen Wahrnehmung von gerade Verstorbenen kommt die Vorstellung von den „Bettlaken-Gespenstern" – man sieht dann ganz einfach nicht mehr den Körper, sondern nur die Lebenskraft der Verstorbenen ... die dann natürlich auch durch Wände gehen können ...

Man kann diese Lebenskraft auch spüren, wenn man die seine Handflächen ca. 40cm von einander entfernt hält und sich zwischen ihnen einen weißen Lichtstab vorstellt, den man langsam mit seinen Händen zusammenbiegt und dann wieder losläßt. Achten Sie dabei einmal auf ihre Handinnenflächen.

Auch Pflanzen und Tiere nehmen diese Lebenskraft wahr. Stellen Sie sich mal eine Woche lang jeden Morgen und jeden Abend intensiv vor, einer ihrer Pflanzen die Blätter auszureißen und sie mit Unkraut-Ex statt Wasser zu gießen und schauen Sie mal, wie die Pflanze darauf reagiert. (Aber danach sich bei ihr bedanken und sich entschuldigen und sie wieder aufpäppeln!)

Oder stellen Sie sich mal möglichst intensiv ein weißes, hoppelndes Kaninchen vor der Nase eines dösenden Hundes vor ...

Noch ein Versuch zu den inneren Bildern? O.k.: Legen Sie sich mal mit dem Bauch auf den Boden und lassen Sie einen Freund sich quer über ihre Waden legen und versuchen Sie ihn dann hochzuheben – ganz schön anstrengend, nicht wahr? Stellen Sie sich nun vor, daß Sie da auf ihren Waden nur ein kleines Kissen liegen haben und stellen Sie sich einen Lichtstrahl von ihrem Scheitel bis zu ihren Füßen vor. Sagen Sie dann innerlich einfach „Hepp!" und werfen Sie das „Kissen" mit ihren Beinen durch die Luft. Ist Ihnen ein Unterschied aufgefallen?

Noch ein letzter Versuch: Malen Sie mal zwei Smilies, von denen das eine einen fröhlichen und das andere einen traurigen Mund hat. Stellen Sie sich nun so hin, daß Sie das fröhliche Smilie gut vor sich auf dem Tisch liegen sehen. Lassen Sie nun einen Freund seine Hände auf ihre Ellenbogen legen und sagen Sie ihm, daß er ihre Arme runterdrücken soll. Und danach das ganze noch einmal, aber nun mit dem Blick auf den traurigen Smilie. Falls Sie sich über das Ergebnis wundern sollten, tauschen Sie einfach mal die Rollen und drücken Sie nun mal die Arme ihres Freundes herunter, der nacheinander auf die beiden Smilies schaut.

Es gibt noch viele solche Versuche – wenn Sie noch mehr davon ausprobieren wollen, finden Sie eine ganze Reihe davon in meinem „Handbuch für Zauberlehrlinge".

Wenn es nun
      1. überhaupt Telepathie gibt und
      2. diese Telepathie kein privates, sonder eher ein kollektives Phänomen ist, das überall und andauernd stattfindet,
      3. diese Telepathie auf einer Lebenskraft beruht, die sich überall findet,
      4. diese Telepathie auch zwischen Menschen und Tieren und Pflanzen funktioniert und schließlich
      5. die inneren Bilder offenbar telepathische und telekinetische Wirkungen haben,
dann stellt sich die Frage, ob ein inneres Drachenbild wirklich „nur" ein Bild ist.

Vielleicht ist solch ein Drachenbild, das ja immerhin
      1. aus Lebenskraft besteht,
      2. sich unter den inneren Bildern von sehr vielen Leuten findet und
      3. wie alle Bilder telepathisch und telekinetisch nach außen wirken kann,
doch realer, als man als Mitteleuropäer, der in der Regel zumindest nicht ganz von wissenschaftlicher Nüchternheit unberührt geblieben ist, zunächst vielleicht anzunehmen geneigt ist.

Wovon war ich ausgegangen? Ach ja, es war die Frage, ob Sie an Informationen aus erster Hand über Drachen interessiert sind. Also, falls ja, kann ich Ihnen Traumreisen empfehlen, weil man dadurch direkt die inneren Bilder wahrnehmen und auch die Themen, zu denen man die Bilder sieht, aussuchen kann – und nicht auf einen zufälligen nächtlichen Drachentraum warten muß.

Im Grunde ist das ganz einfach. Schließen Sie die Augen und sagen Sie sich innerlich, daß Sie gerne einen Drachen treffen würden. Wenn sich nun Ihr Verstand meldet und Sie fragt, was denn dieser Quatsch soll, dann versuchen Sie am besten nicht, ihn zum Schweigen zu bringen, denn das klappt eh' nicht – und es wäre auch keine besonders freundliche Geste von Ihnen sich selber gegenüber, denn schließlich ist der Verstand ein Teil von Ihnen.

Erklären Sie lieber ihrem Verstand, daß Sie gerade ein Experiment vorhaben: Da hat jemand in einem Buch geschrieben, daß man sich auch bewußt die inneren Bilder ansehen kann – so wie man im Internet einen Suchbegriff eingeben kann und dann die dazu passenden Bilder erhält. Während des Experimentes hält sich ein guter Forscher aus der Versuchsanordnung heraus, damit der Versuch nicht gestört wird – und anschließend wird der Versuch dann ausgewertet. Das ist dann die Stunde des Verstandes, der das ganze, was die Wahrnehmung vorher an Daten erfaßt hat, nun analysiert und mit den bisherigen Erfahrungen vergleichen kann ... ohne Daten keine Analyse ...

Ob die Bilder nun „lediglich die eigene Phantasie" sind, ob „das bei mir sowieso nicht klappt" und was sonst noch so an Kommentaren kommen kann, sollte man insofern ernst nehmen, als daß man seinem eigenen Verstand sagt, daß man erst mal nichts von vorne herein als wahr ansieht, sondern einfach aufmerksam hinschauen möchte und dann anschließend an das Experiment das Gesehene prüfen wird.

Wenn Sie Schwierigkeiten mit der Konzentration haben sollten, bitten Sie am besten einen Freund, sich daneben zu setzen und Sie ab und zu zu fragen, was Sie gerade sehen, woraufhin Sie es ihm dann erzählen, während Sie mit geschlossenen Augen weiterreisen.

Falls mal nichts geschieht oder Sie einmal vielleicht auch gar nichts sehen sollten, hocken Sie sich in Ihrer Vorstellung am Besten einfach hin und tasten Sie mit ihren Händen (natürlich nur in ihrer Vorstellung!) den Boden ab und schauen Sie, wie er sich anfühlt (kalt, warm, heiß, trocken, feucht, Gras, Stein, Asphalt ...) und ob es Unterschiede gibt (da liegt ein Stein herum ...) oder ob Sie etwas Interessantes auf der Erde oder unter der Erde (ein Loch graben) finden können. Hilft immer.

Sollten Sie nicht wissen, wo's in dem „Traumbild" weitergeht, dann können Sie sich ein rotes Wollknäuel herbeizaubern und ihm sagen, daß es dahin fliegen soll, wo es das wichtigste für Sie zu entdecken gibt. Aber halten Sie das eine Ende des roten Fadens gut fest! Sonst können sie dem roten Faden nicht folgen. (Diese Taktik ist eine Variante der von Theseus stammenden Methode, der mithilfe des roten Wollfadens, der ihm zu diesem Zweck von Ariadne gegeben worden war, wieder aus dem Labyrinth des Minotaurus in Knossos auf Kreta herausfand.)

Während einer Traumreise tun Sie am besten so, als ob sie mitten in einem Märchen oder einer Fantasy-Geschichte oder in einer alten mythologischen Erzählung wären – in der inneren Bilderwelt kann man zaubern und fliegen und unter Wasser atmen und all diese Dinge tun, die man eben so aus Träumen und Wunschträumen kennt.

Manchmal trifft man auf diesen Traumreisen auch ganz unerwartet auf Drachen. So habe ich mal eine Traumreise zum „Ursprung des Feuers" (genau gesagt zudem Unterelement „Akasha des Feuers") unternommen und bin dabei in eine Wolkenbank geraten, in der Dracheneier lagen, aus denen gerade winzige Drachen schlüpften.

Das bedeutet natürlich nicht, daß sie bei ihrem nächsten Flug Ausschau danach halten sollten, ob neben dem Triebwerk ihrer Boeing ein Drache auftaucht – diese Bilder sind zunächst einmal innere Bilder und keine äußeren Dinge.

Ein anderes mal bin ich mit meinem Freund in einen bestimmten inneren Bereich gereist (Geburah/Mars auf dem kabbalistischen Lebensbaum), in dem wir eine alte

Burg fanden, in der wir uns unseren Weg durch verfallene Kellergewölbe suchen mußten und uns schließlich in einem Raum voller Skelette und zerbrochener Gegenstände wiederfanden, in dem hinten ein Drache saß. Nachdem wir zunächst dachten, daß uns nun ein Kampf bevorsteht, merkten wir nach und nach, daß der Drache eigentlich friedlich und sogar eher traurig oder gar bedrückt wirkte. Schließlich bat ich ihn intuitiv, mit seinem Feuer mein Schwert zu segnen, was er dann auch gerne tat – und was mir selber ausgesprochen wohlgetan hat. Ich hatte dabei das Gefühl, Kraft zu trinken und gerader und fester dazustehen (was damals so gar nicht meine Stärke war).

Nicht weit von diesem Bereich entfernt (Chesed/Jupiter auf dem kabbalistischen Weltenbaum), trafen wir auf einer anderen Reise wieder einen Drachen, der ebenfalls ganz friedlich war. Er ließ ich sogar streicheln. Ich war erstaunt, wie warm und glatt sich seine Schuppen anfühlten – wie poliertes und sonnenbeschienenes hartes Holz. Ich sagte zu meinem Freund: „Komisch, daß ich noch nie einen Drachen angefaßt und gestreichelt habe ...“ Da wurde uns plötzlich klar, wie absurd das eigentlich war, was ich da gerade gesagt hatte, und wir bekamen beide einen mittelschweren Lachanfall. Lachen ist übrigens etwas Typisches im Zusammenhang mit Drachen.

Bei einer anderen Gelegenheit bin ich zusammen mit zwei Freundinnen in einer gemeinsamen Traumreise einmal auf einem Drachen geflogen – eigentlich sollte niemand ein solches Erlebnis versäumen ...

Wenn nun diese inneren Drachenbilder nicht nur in jedem einzelnen Menschen existieren, sondern auch kollektiv in allen Menschen, und wenn diese Drachen aus Lebenskraft bestehen und wenn außerdem Wünsche und Bilder eine magische Wirkungen haben und zudem diese Drachenbilder in den verschiedenen Menschen telepathisch miteinander verbunden sind – was können dann Drachen in der Magie bedeuten?

3. Drachen und Schlangen - ungleiche Geschwister

Wenn man sich in Neuland begibt (und das sind Drachen vermutlich für die meisten Menschen), dann ist es sinnvoll, sich zunächst einmal darüber zu erkundigen, was denn andere schon über dieses Land, das einem selber noch unbekannt ist, herausgefunden haben.

Der wichtigste bereits bekannte Ort in dem unbekannten „Drachenland" sind die Schlangen, da die Schlangen die wichtigste Anregung für die Entstehung des Drachenbildes gewesen sein werden. Daher lohnt es sich, sich zunächst einmal die Schlangen genauer anzusehen – als Ergänzung zu den Traumreisen zu den Drachen.

Ca. 50 Schlangenarten der insgesamt 3.000 Schlangenarten (also nur 1,6%) haben Giftzähne, die auch für den Menschen tödlich sein können – einige Arten können ihr Gift sogar mehrere Meter weit zielsicher in die Augen der Beute oder des Feindes spritzen, wovon die Augen manchmal sogar dauerhaft erblinden. Andere Schlangen wie die bis zu 10 m lange und 100kg schwere Python erwürgen ihre Beute. Auf dieser Gefährlichkeit einiger Schlangenarten beruht die allgemeine Angst der Menschen vor den Schlangen.

Schlangen jagen entweder ihrer Beute hinterher oder lauern ihnen auf. Zusammen mit den Giftzähne hat das plötzliche Zustoßen aus dem Hinterhalt dazu geführt, die Schlangen als heimtückisch anzusehen – ungefähr wie Attentäter, die aus dem Hinterhalt mit einem vergifteten Dolch zustoßen und dann wieder fliehen und warten, bis ihr Opfer an dem Gift kurze Zeit später gestorben ist. Der Eindruck, daß Schlangen heimtückisch sind, wird noch durch ihre oft perfekte Tarnfarbe verstärkt.

Wenn sich Schlangen bedroht fühlen, beginnen sie zu zischen, fauchen und zu rasseln, sie bäumen sich auf, spreizen ihren Halsbereich und beißen drohend in die Richtung des Feindes in die Luft, um ihm Angst einzujagen.

Einige Schlangenarten haben eine besondere Taktik entwickelt: Sie stellen sich in aussichtslosen Situationen sehr überzeugend tot und einige von ihnen scheiden dabei sogar aus ihren Analdrüsen ein Sekret aus, das sie nach Verwesung riechen läßt. Perfekte Täuschung – was ebenfalls gut zu dem Image der heimtückischen Attentäter paßt.

Der starre Blick der Schlangen kann geradezu hypnotisch wirken – was in Disneys „Dschungelbuch"-Film durch die Schlange Kaa sehr anschaulich dargestellt wird. Dieser Blick entsteht dadurch, daß die Schlangen keine Augenlider, sondern eine durchsichtige Schutzschuppe über ihrem Auge haben, d.h. daß sie nicht blinzeln oder ihre Augen verschließen können.

Alle Schlangen sind Raubtiere. Sie fressen fast alles, was in ihr Maul paßt, das sie extrem weit ausdehnen können, da die Knochen in ihren Kiefern nur lose aneinandersitzen – so zählt alles vom Insekt bis zum Wildschwein und zum Reh zu den Beutetieren der verschieden großen Schlangenarten – ein Mensch würde also einer der großen Würgeschlangen wie der Boa und der Anaconda durchaus in den Speiseplan passen.

Menschen sterben in der Regel nicht als Beute einer Schlange, sondern vor allem an Bissen von Schlangen, die sich bedroht fühlen und sich verteidigen – jedes Jahr ca. 50.000 Menschen. Ein Schlangenbiß ist demnach zwar ein dramatisches Ereignis, aber nicht sehr wahrscheinlich – die Tsetse-Fliege, die die Schlafkrankheit überträgt, verursacht immerhin sechsmal so viele Tote, das Aids-Virus sogar achtzigmal so viele und im Straßenverkehr sterben immerhin fünfundzwanzigmal so viele Menschen wie an Schlangenbissen ...

Schlangen haben einen perfekten Magen – er ist extrem dehnbar und verdaut alles außer Insektenpanzern, Haaren, Federn und Krallen.

Schlangen sind aber auch selber Beutetiere. Je größer sie sind, desto sicherer sind sie jedoch vor anderen Raubtieren – wer kann schon eine Python angreifen? Zu den ständigen oder gelegentlichen Schlangenjägern gehören unter anderem Großkatzen, Katzen, Marder, Schweine, Greifvögel, Störche, Raben, Krokodile, Schildkröten, Warane, Hechte, Skorpione und auch andere, größere Schlangen.

Schlangen leben im Verborgenen und haben scharfe Sinne. Ihre Augen sind je nach Art ziemlich unterschiedlich gut – einige Arten können jedoch keine Farben erkennen oder sind nachtblind.

Eine andere Schlangenarten (die Grubenottern) hat hingegen auf dem Kopf zwischen den Augen und der Nase eine Grube bzw. einen Schlitz an den Lippen, mit denen sie Wärmestrahlung wahrnehmen können – z.T. sogar den winzigen Wärmeunterschied von 0,003°. Auf diese Weise können sie auch des Nachts oder in Höhlen sehr sicher alle Warmblütler ausfindig machen, auch wenn sei perfekte Tarnfarben haben sollten oder sich unter Laub versteckt haben. ... wieder so eine heimtückische Fähigkeit – wie gute Spione mit einer Infrarotkamera, wobei normale Infrarotkameras lange nicht so effektiv sind, da sie nur Unterschiede von 0,025°C unterscheiden können.

Die Schlangen haben zwei Geruchsorgane. Mit ihrer Nase riechen sie die Düfte in der Luft und mit ihrer gegabelten Zunge tasten sie den Boden ab und stecken sie dann in zwei Gruben im Maul, mit denen sie auch noch sehr kleine Spuren von Düften, die am Boden haften, wahrnehmen können. Dieser zweite Geruchsinn ist eigentlich ein Mittelding zwischen Riechen und Schmecken.

Schlangen haben keine Ohren – zumindest nicht außen. Aber sie haben innere Ohren, mit denen sie die Erschütterungen des Bodens, auf dem sie liegen, sehr genau spüren können und daher rechtzeitig fliehen können, wenn ein zu großes Tier naht oder sich anschleichen können, wenn sie auf diese Art ein kleineres Tier hören.

Schlangen können nicht nur kriechen und sich schlängeln und winden, manche Arten können auch auf Bäume klettern und sich wie eine Liane von einem Baum hängen lassen, sehr hoch springen (z.B. um einen Feind zwischen die Augen zu beißen), schwimmen, tauchen (Seeschlangen bis zu einer Stunde lang!) und einige Arten können sogar ihren Körper abflachen und dann ein kurzes Stück durch die Luft gleiten.

Eine auffällige Eigenheit der Schlangen ist ihre regelmäßige Häutung. Immer, wenn die Haut einer Schlange ihr durch ihr Wachstum zu eng wird, wächst unter der alten Haut eine neue Haut nach und die Schlange streift dann schließlich die alte Haut ab – Verwandlungskünstler.

In ähnlicher Weise wachsen auch die Zähne der Schlangen, die des öfteren beim Beißen abbrechen und dann in den Wunden der Opfer oder Feinde steckenbleiben, ständig nach.

Die fast 3.000 verschiedenen Schlangenarten leben auf fast der gesamten Erde außer in der Arktis und in der Antarktis: auf dem Flachland, im Hochgebirge, in der Wüste, unter der Erde, auf Bäumen, im Süßwasser, im Salzwasser ... und für ein paar Sekunden lang auch mal springend oder gleitend in der Luft.

Da die Schlangen wie alle Reptilien weitgehend dieselbe Innentemperatur wie ihre Umgebung haben, aber sich unter ca. 5°C nicht mehr bewegen können, sind sie darauf angewiesen, ihre Temperatur durch Sonnen, durch Zusammenrollen und ähnliches möglichst hoch genug zuhalten, um sich noch bewegen zu können ... sonst werden sie in ihrer Kältestarre vielleicht von einem vorbeischlendernden Bären verspeist.

Seeschlangen gibt es wegen dieser Temperaturabhängigkeit nur in den warmen Meeren, da sie sich in den kalten Meeren nicht ausreichend schnell bewegen könnten.

Schlangen sind Einzelgänger und treffen sich fast nur zur Paarung. Die meisten von ihnen sind standorttreu, aber haben trotzdem keine Revieransprüche, sondern gehen sich in der Regel gegenseitig aus dem Weg – außer in der Paarungszeit, während der es zu heftigen Kämpfen zwischen den Männchen kommen kann. Bei einigen Schlangenarten haben die Männchen dieses Problem anders gelöst und drängen sich allesamt um das Weibchen zu einem „Begattungsknäuel" zusammen und versuchen sich mit dem Weibchen zu paaren.

Die Männchen haben einen sogenannten Hemipenis, d.h. zwei nebeneinander stehende Auswüchse, die beides eigenständige Penisse sind. Diese Penisse haben verhornte oder sogar verkalkte Stacheln, die sich in die Vulva des Weibchens einhaken, sodaß beide fest verbunden sind. Die eigentliche Paarung dauert dann zwischen zehn Minuten und zwei Tagen. Das muß man sich mal vorstellen: eine sexuelle Vereinigung, die zwei Tage dauert!

Die 20cm lange Blumentopfschlange, die in Indien auch Brahmanenwurm genannt wird, hat diese Rangeleien bei der Paarung ganz elegant gelöst: Sie ist das einzige

Reptil, bei dem es nur noch Weibchen gibt – sie legen ihre Eier ohne vorherige Befruchtung ab und haben deshalb einen dreifachen statt des üblichen zweifachen Chromosomensatzes.

Die meisten Schlangen legen Eier, aber in den kühleren Zonen schlüpfen die Schlangen schon im Mutterleib aus dem Ei, weil sie sich dann nach der Geburt sofort bewegen können und nicht möglicherweise im Ei erfrieren.

Die Brutpflege und das Beschützen der Jungtiere kommt zwar bei einigen Schlangen in kleinen Ansätzen vor, aber wie bei allen Reptilien ist es die Regel, daß die Eier an einem einigermaßen gut geschützten Ort abgelegt werden – und das war's dann aber auch.

Schlangen können erstaunlich alt werden: Die Riesenschlangen bis zu vierzig Jahre. Die kleineren Schlangen haben jedoch eine deutlich kürze Lebensspanne von meist unter zwanzig Jahren.

... Schlangen sind eher unheimliche Wesen, von denen Gefahr droht und denen die Menschen daher in der Regel aus dem Weg gehen. Oder, um's mal als Klischee zu formulieren: Schlangen sind aggressiv, hinterhältig, kalt, berechnend und sexbesessen ...

4. Drachenknochen - Saurierfossilien

Wie mag es nun zu der Vorstellung von Drachen gekommen sein? Ein Grund könnte der Fund von Saurierknochen gewesen sein, denn wie sollte man sich diese Riesen-knochen anders erklären als durch die Existenz von Tieren von riesiger Größe, also von Drachen? Im Prinzip war diese Schlußfolgerung ja auch richtig, nur haben sich diese Knochenfunde noch mit vielen anderen Vorstellungen vermischt.

In der letzten Zeit hat der Film Jurassic Park die Dinosaurier-Begeisterung wieder-belebt und es gibt heute vermutlich deutlich mehr Kinderbücher über Saurier als über Eichhörnchen, Igel oder Biber. Irgendetwas an den Sauriern (und Drachen) fasziniert die Menschen – ihre Größe, ihre Stärke, ihr exotisches Aussehen ... oder noch mehr?

Die Saurier gehören wie die Schlangen zu den Reptilien. Dieser Zweig der Tiere hat sich aus den Amphibien entwickelt. Die Amphibien, zu denen z.B. die Frösche zäh-len, waren die ersten Tiere, die sich vor 400.000.000 Jahren aus den Fischen ent-wickelt und auf das Landleben umgestellt haben und nicht mehr nur Wasser (Kie-men), sondern auch Luft (Lungen) atmen konnten.

Die Reptilien, die seit 350.000.000 Jahren die Erde bevölkern, hatten keine Kiemen mehr und konnten daher nur noch Luft atmen. Sie machten eine wichtige Erfindung: die Rüstung. Sie hüllten ihren Körper in einen Schuppenpanzer, der sie vor dem Austrocknen schützte und sie hüllten die Laichkügelchen, die die Amphibien noch im Wasser ablegen mußten, in eine Kalkschalen-Rüstung und erfanden so das Ei, das auch im Trockenen abgelegt werden konnte.

Bei der ersten Teilung der Familie der Reptilien spalteten sich die Schildkröten von den übrigen Reptilien ab, die Diapsida („Zwei-Bogen") genannt werden, weil sie auf beiden Seiten ihres Schädels zwei bogenförmige Öffnungen haben.

Die Diapsida spalteten sich dann wiederum in die Archosaurier, zu denen die Krokodile, die Saurier, die Flugsaurier und die Vögel gehören, und in die Schuppen-echsen auf.

Aus den Schuppenechsen entstanden neben den Geckos, Leguanen und Chamäleo-nen und allerlei anderen Echsen vor ungefähr 200.000.000 eine Tierart, die der gemeinsame Vorfahre von Waranen und Echsen war und der die Giftdrüsen an den Zähnen erfunden hatte. Diese damaligen Urschlangen/Warane lebten alle im Wasser und wandelten ihre Beine zu Flossen um.

Solche Übergänge kamen immer wieder einmal vor: Vor 50.000.000 Jahren ging auch ein Säugetier, daß wie ein riesiger, hufetragender Wolf von gut Büffelgröße aus-sah, zum Leben im Wasser über und wurde der Urahn der Delphine und Wale.

Vor ungefähr 140.000.000 Jahren haben sich die Ur-Schlangen/Warane dann in die beiden getrennten Entwicklungslinien der Warane und der Schlangen getrennt.

Es ist bei dieser Vorgeschichte nicht verwunderlich, daß die Schlangen, die alle Nachkommen des vor 200.000.000 Jahren im Wasser lebenden Ur-Schlange/Warans sind, alle gut schwimmen können.

Die Warane gingen teilweise nach einer Weile wieder zum Landleben über und leben noch heute in Afrika, Asien und in Australien. Sie werden bis zu drei Meter lang.

Auch die Schlangen, die damals noch Flossen-Beine hatten, waren erfinderisch, was ihren Lebensraum betrifft: Sie spezialisierten sich eine Weile lang auf die Jagd in der lockeren und feuchten Erde, weshalb sie ihre Flossen-Beine immer weiter zurückbildeten, da sie unter der Erde nur hinderlich waren. So wurde dieser Zweig der Schuppenechsen schließlich zum „Erdwurm" ... und ganz wörtlich zu einem Tier der Unterwelt.

In dieser Zeit bildeten die Schlangen auch ihr Außenohr zum Innenohr um, denn unter der Erde ist es viel effektiver, Erschütterungen des Bodens wahrzunehmen als Schwingungen der Luft – von der ja in Höhlen unter der Erde nicht viel da ist ...

Es war natürlich von großem Vorteil, lang und dünn zu sein, wenn man unter der Erde herumkroch. Daher bildeten die Schlangen den linken Lungenflügel zurück, da auf der Seite ja schon das Herz war und dehnten den rechten Lungenflügel über 2/3 ihrer ganzen Körperlänge und bisweilen noch länger aus. Da sich diese Maßnahme als praktisch erwies, bildeten sie gleich auch noch den linken Leberflügel zurück und dehnten den rechten ebenfalls in die Länge. Auch der Magen wurde in die Länge gezogen. Schlank war „in" unter der Erde ...

Diese Entwicklung hatte auch schon bei den Waranen begonnen, die ebenfalls schon sehr lange, dünne Tiere waren. Auch sie hatten schon die „Riechzunge" der Schlangen und auch die Giftdrüsen an den Zähnen.

Man darf also mit einiger Berechtigung vermuten, daß auch die Drachen nur einen rechten Lungenflügel, einen rechten Leberlappen und einen langgezogenen Magen haben ...

5. Die Geburt der Drachen – die Zeit der ersten Ackerbauern

Die ältesten Darstellungen von Schlangen finden sich in Höhlenbildern aus der späten Altsteinzeit vor 25.000 Jahren in den nordspanischen Höhlen, in deren Nähe einige Sippen der damaligen Eiszeitjäger lebten. In einem Höhlenbild scheinen sich zwei Schlangen umeinanderzuringeln – möglicherweise paaren sie sich.

In der Altsteinzeit lebten die Menschen als Jäger und Sammler. Die Jungsteinzeit begann damit, daß die Menschen im heutigen Irak um 10.000 v.Chr. den Anbau von Getreide und anderen Gemüsesorten erfanden, nachdem sie vorher schon 20.000 Jahre lang intensiv Gräsersamen gesammelt hatten. Dadurch veränderte sich vieles im Leben der Menschen: Die Gemeinschaften wurden größer, die Nahrungsmittelversorgung wurde sicherer, der Tagesablauf wurde geregelter, die Sprache wurde komplexer ...
In dieser komplizierten Welt fand man sich nur noch mit Hilfe von Vergleichen zurecht – ein paar Handvoll einfacher Worte und Rufe reichte nicht mehr aus. So entstanden abstraktere Begriffe wie Bauer, Jäger, Töpfer, Acker, Steinmetz, Stadt usw. und auch eine erste Grammatik, die letztlich nichts anderes als eine Festlegung der Bedeutung der Reihenfolge der Worte ist. Mit diesen Analogien konnte man dann auch die komplexere Welt der jungsteinzeitlichen Bauern beschreiben, die vorher in der Altsteinzeit im Großen und Ganzen nur die einfache Welt des Lager mit dem Feuer in der Mitte und die Wildnis drumherum umfaßt hatte.

Nun, wenn man etwas Unbekanntes in Worte fassen will, beschreibt man es mit etwas Bekanntem und bildet somit ein Gleichnis oder eine Analogie. Der Erdboden, der für den Ackerbauern so wichtig geworden war, der Himmel, der den Regen bringt, die Sonne, deren Aufgangspunkt am Horizont die Jahreszeit anzeigt, waren eine umfassendere Welt, die man zu dieser Zeit zu verstehen und durch Vergleiche zu beschreiben versuchte.
Das wichtigste Gleichnis bezog sich auf die Ernährung, denn schließlich geht es bei dem ganzen Ackerbau und der Viehzucht um die sicherere Ernährung. Das bekannteste war (und ist) für den Menschen der Mensch. Daher lag es nahe, auch das Getreide als einen Menschen anzusehen: als den Korngott. Das Schicksal des Getreides ließ sich auch als Gleichnis zu dem Leben eines Menschen deuten: Die Aussaat entspricht der Zeugung, das Keimen der Geburt, das Wachsen dem Leben, die Ernte dem Tod, das Lagern des Korns dem Aufenthalt der Seele im Jenseits, die Aussaat der Wiedergeburt ... Noch heute ist der Sensenmann gut bekannt, der der personifizierte Tod ist und der mit der Sense das Getreide mäht.
Auch die Erde als Ganzes faßte man als einen Menschen auf, als den „Erdling" –

dies ist die wörtliche Bedeutung des kleinasiatischen „Adam" – die Erde und der erste Mensch wurden mit demselben Wort bezeichnet. Bei den Ägyptern hieß der Erdling genauso: Atum. Er war das erste Wesen, die Erde und der erste Mensch – der Erdgott. Mit diesem Wesen und diesem Namen sind auch der germanische Urriese Ymir, der persische Yima und der indische Yama eng verwandt. Sie alle sind der „Erdling", die Menschen-Erde und der Erd-Mensch, der bei den frühen jungsteinzeitlichen Bauern in Mesopotamien in etwa „Atmar" geheißen haben könnte und von dem sich dann die historisch bekannten Namen Adam, Atum, Ymir, Yama, Yima usw. abgeleitet haben.

Insbesondere die Germanen waren in diesem Fall recht systematisch und detaillfreudig: Bei ihnen wurde der Urriese Ymir zerstückelt und aus seinem Fleisch der Erdboden, aus seinen Knochen die Gebirge, aus seinem Blut die Flüsse, aus seinem Gehirn die Wolken usw. erschaffen.

Die Symbolik der Zerstückelung wird aus der Zerlegung der Jagdbeute und auch aus dem in der Altsteinzeit des öfteren nachgewiesenen Kannibalimus stammen. Die Verspeisung des Verstorbenen diente dazu, die Lebenskraft z.B. des starken Jägers, der bei der Jagd tödlich verunglückt war, für den Stamm zu erhalten. Die ausführlichste und detailreichste Darstellung dieser sehr alten Tradition findet sich in den altägyptischen Pyramidentexten in der Kannibalismushymne, die der längste zusammenhänge Text in den ganzen Pyramideninschriften und auch der älteste längere religiöse Text der Menschheit überhaupt ist.

Des Morgens erschien am Himmel die Sonne und am Abend verschwand sie wieder – daher mußte der Himmel die Muttergöttin sein, die die Sonne am Morgen gebiert und Abend wieder verschlingt, denn Geburt und Tod waren die naheliegenden Bilder aus dem Bereich des menschlichen Erlebens für das, was neu erscheint bzw. vergeht. Das verstärkte Interesse an Sonne entstand zu der damaligen Zeit, weil man anhand der sich im Laufe des Jahres verändernden Sonnenbahn den besten Zeitpunkt für die Aussaat erkennen konnte.

Durch dieses neue mythologische Motiv, durch das die Sonne zu einem Gleichnis für den Menschen geworden war, ergab sich eine Weiterentwicklung der mythologischen Vorstellungen: Da die Menschen nach ihrem Tod zur Muttergöttin gingen, um von ihr im Jenseits wiedergeboren zu werden, war nun ein Weg zum Himmel notwendig – schließlich war die Muttergöttin zur Himmelsgöttin und die Seelen der Verstorbenen zu der Sonne und den Sternen geworden.

Da das „Senkrechteste" in der damaligen Welt die Bäume waren, beschrieb man den Weg zum Himmel als einen riesigen Baum: den Weltenbaum. Auch dieser Baum wurde als Mensch bzw. Gott personifiziert oder bisweilen auch als die Rückenwirbel eines Gottes angesehen wie in Ägypten (Osiris).

Auf diese Weise wurde die Welt durch Menschen, Tiere und Pflanzen beschrieben, die dann als riesig groß erschienen. So faßten z.B. sehr viele Indianer die Erde als den Rücken einer Schildkröte auf, die im Urmeer schwimmt.

Die Schlange war ein Tier der Erde und wurde daher auch mit der Unterwelt verbunden, also mit der Welt unter der Erde und in den tiefen Wassern, in denen in den ältesten Mythen und, wie die Höhlenmalereien zeigen, auch schon in der Altsteinzeit die Seelen der Verstorbenen vermutet wurden. Diese Wasser erscheinen dann später als der Jenseitsfluß mit dem Schamanen in der Jenseitsbarke, der die Toten übersetzt.

Es lag nahe, sich die Schlange, die das Tier der Erde und der Unterwelt und somit auch die Führerin zu der Urmutter in der Unterwelt war, ebenfalls als riesiges Tier vorzustellen, das den Weg in die Unterwelt darstellte.

Durch das Gleichnis zwischen der Sonne und dem Menschen wurde aus dem geraden Weg von der Erdoberfläche in die Unterwelt der Halbkreis des Nachtweges der Sonne unter der Erde hindurch, wo in mythologischer Hinsicht die Unterwelt lag, und schließlich die (halb-)kreisförmige Schlange, die die gesamte Unterwelt umfaßte so wie die Muttergöttin den Himmel umspannte. Die Schlange wurde durch diese letzte mythologische Entwicklung auch zum Wächter der Unterwelt, an der man vorbei mußte, um in die Unterwelt zu gelangen.

Aus dieser die gesamte Unterwelt umgebenden Schlange wurden dann die Riesenschlangen in den verschiedenen Mythen wie z.B. die germanische Midgartschlange, die als Jörmungandr, also „Weltumspanner" einmal rings um die gesamte Welt reicht – was mythologisch gesehen ein wenig ungenau ist. Auch die ägyptische Apophisschlange ist solch eine Riesenschlange, deren Kopf allerdings mythologisch korrekt im Westen ist, wo die Sonne untergeht und deren Schwanzende im Osten ist, wo die Sonne wieder aufgeht.

So wie die Nachkommen des Urriesen Adam-Atum-Ymir die „kleineren" Riesen waren, die nur noch ca. drei bis zehn Meter groß waren, so waren die Nachkommen der Urschlange Jörmungandr-Apophis die „kleineren" Riesenschlangen und Drachen, die in den Mythen hier und da auftauchen. Diese Kinder der Urschlange haben dann in etwa die Größe der größeren Saurier – weshalb sich eventuelle Knochenfunde von Sauriern nun gut als Beweis für die Existenz dieser Drachen nehmen ließen.

Die Stellung der verschiedenen Schlangen und Drachen in der Mythologie ist fast ausschließlich von dieser Unterwelts-Symbolik geprägt – die Gefährlichkeit der Schlangen oder ihre Giftigkeit oder auch ihre Häutung erscheinen nur mal hier und da am Rande. Die Drachen sind also vor allem mythologisch entstandene Wesen und keineswegs aus Angst vor Schlangen in der Phantasie vergrößerte Schlangen – die Drachen sind im Gegenteil die Verkleinerungen der mythologischen Urschlange, also der Unterwelt. Genauer gesagt ist die Riesenschlange der Weg der Sonne durch die Unterwelt.

In den Mythen ist eine Vielfalt an Drachen und Riesenschlangen zu finden: Apophis, Thermuthis, Uräus, Tiamat, Midgartschlange, Niddhöggr, Fafnir, Vritra, Uroboros, die chinesischen Drachen, die mittelamerikanische Federschlange Quetzalcoatl, der Basilisk, die Chimäre ...

Die Menschen stellten zu allen Zeiten Schlangen dar: in den Höhlenmalereien der Altsteinzeit, auf den Menhiren und anderen Megalithbauten der Jungsteinzeit, in den Mythen, in den Märchen ... und immer haben sie mit der Unterwelt zu tun. So findet sich z.B. am Ende der mehrere Kilometer langen Steinreihen in Karnak in der Bretagne am Ende ein einzelner hoher Megalith, an dessen Fuß sich eine kleine unterirdische Kammer befindet, in der man am Fuß dieses hohen stehenden Steines eingravierte Schlangen sehen kann: Die erste Hälfte des Weg in die Unterwelt durch die Steinreihen und dann die zweite Hälfte dieses Weges von der Schlange geleitet hinab in die Erde.

Die Kammer unter diesem Menhir ist ein ausgesprochen guter Ort, um eine Traumreise in die Unterwelt zu beginnen – ich kann diese Kammer nur weiterempfehlen ...

Am Anfang der Entwicklung des vielfältigen Symboles der Schlange stand die direkte Assoziation zwischen der Schlange und der Erde. Daraus ergab sich die Assoziation zwischen der Schlange und der Unterwelt, da die Unterwelt eben unter der Erde oder in den tiefen Wassern lag. Das Bild der Wasserunterwelt paßte genausogut zu den Schlangen, da sie gute Schwimmer und Taucher sind.

In derselben Weise war das Großraubtierfell ein Symbol für die Stärke des Jägers und des Schamanen und später auch des Königs. Das Großraubtier (Löwe, Bär, Panther usw.) ist das stärkste Tier und daher konnte man mit seinem Fell in einfacher und anschaulicher Weise den stärksten Jäger, den Schamanen als stärksten Zauberer und den König als die stärkste politische Person kennzeichnen.

Der Vogel wurde auf dieselbe Weise zu dem Bild für die Seele: Bei der Astralreise bzw. beim Nahtod-Erlebnis (und auch beim endgültigen Tod) verläßt man den eigenen materiellen Körper und sieht ihn unter sich liegen, während man wie ein Vogel in der Luft schwebt und davonfliegen kann. Die Seele ist also „wie ein Vogel".

Das Blut und das Feuer und daher auch die Farbe rot wurden zu Symbolen für die Lebenskraft, die die Menschen von der Altsteinzeit bis in die frühen Königreiche hinein durch den Rötel in ihren Bildern und Ritualen und auch durch seine Verwendung bei Begräbnis darstellten.

Der Quell allen Lebens oder zumindest der Ursprungsort aller Menschen war der Mutterschoß. Da nun das Horn z.B. einer Kuh, das ja innen hohl ist, in der Altsteinzeit so ziemlich das einzige Hohle in dieser Größe war, lag die Assoziation zwischen dem Mutterschoß und diesem (Füll-)Horn auf der Hand.

1. Stufe der Symbolentwicklung Assoziations-Symbole	
Dargestelltes	**Symbol**
Erde, Grab, Unterwelt	Schlange
Kraft, Stärke	Großraubtier
Seele, Astralreise	Vogel
Lebenskraft	Feuer, Blut, rot
Fruchtbarkeit	a) Schoß = (Füll-)Horn b) Kuh, Herdentiere (Mutter = Kuh)

Die nächste Entwicklungsstufe der Symbolik war die Beschreibung der Welt der Ackerbauern mithilfe des menschlichen Körpers, der Tiere und der Pflanzen. Dies führte zu der Vorstellung der riesenhaften Wesen wie z.B. der Erde als eines Menschen.

2. Stufe der Symbolentwicklung „Vergrößerung" der Symbole zur Beschreibung der Welt	
normales Symbol (Mensch u.a.)	**vergrößertes Symbol (Welt)**
Mensch	Urriese = Erde
Mutter	Urmutter = Himmel
Baum	Weltenbaum
Fruchtwasser	Wasserunterwelt
Milch	Milchozean
Kuh	Himmelskuh (= Himmelsgöttin)
Schlange	Weltumspanner

6. Der Schatz des Drachens – Mythologie

Drachen und mythologische Schlangen sind also riesig. Entweder umspannen sie gleich die gesamte Erde oder zumindest die gesamte Unterwelt wie die Midgardschlange der Germanen, die Apophisschlange bei den Ägyptern und wie der Uroboros in Kleinasien und in Mittelamerika oder sie haben zumindest Ausmaße wie ein Dinosaurier. Aber was macht denn ein Drache so den ganzen Tag?

Er hütet einen Schatz. Das ist in fast allen Erzählungen so. Und neben dem Schatz sitzt in der Regel eine von dem Drachen gefangene Jungfrau, die der Held der Erzählung befreien muß. Eigentlich ein merkwürdiges Arrangement, finden Sie nicht auch?

Bei genauerem Durchstöbern der verschiedenen Mythen und Religionen ist dies aber trotzdem ein wirklich auffallend häufiges Arrangement ...

Hierzulande ist die Kombination von Frau und Schatz und Drache wohl aus der Bibel am bekanntesten, in der Eva von einer Schlange verführt wird – der Schatz ist in diesem Fall der Apfel vom Baum der Erkenntnis. Das Wort „Erkenntnis" heißt im hebräischen Original „Da'at" und hat neben der Bedeutung „Erkenntnis" oder „Wissen" auch noch die Symbolik des Tores ins Paradies bzw. der Brücke über den Abgrund, der Diesseits und Jenseits trennt. Der (Apfel-) Baum der Erkenntnis scheint also der Weltenbaum zu sein, der Erde und Himmel verbindet. Die Schlange hat hier also mit der Jenseitsreise zu tun, was ganz der Symbolik der ägyptischen Riesenschlange Apophis entspricht, die die gesamte Unterwelt umspannt bzw. den gesamten Weg vom Sonnenuntergangspunkt im Westen unter der Erde hindurch bis zum Sonnenaufgangspunkt im Osten reicht. Die Frau, also Eva, muß dann wohl die Muttergöttin sein.

Interessant ist auch, daß der Name von Evas erstem Sohn Abel wörtlich „Apfel" bedeutet ... alle Menschen im Diesseits und auch alle Verstorbenen im Jenseits sind die Kinder der Urmutter – der Apfel ist wie das Getreide offenbar ein Gleichnis für den Menschen und wohl auch für seine Seele im Jenseits.

Die uralte Geschichte von der Wiedergeburt der Menschen durch die Urmutter im Jenseits ist hier in der Bibel umgedeutet worden: In der Religion des einen Gottes Yahwe wurden die alten mythologischen Vorstellungen dahingehend verändert, daß die Muttergöttin zunächst dem Einen Gott untergeordnet und anschließend dann auch noch zur Ursachen allen Übels erklärt wurde.

Bei den Kabbalisten, also den jüdischen Mystikern, wurde dieser Baum der Erkenntnis, der im Paradies steht, als „Baum des Lebens" zu dem zentralen Symbol für den Weg von der Erde zu Gott. Die Pfade, die diesen Weg hinaufführen, wurden den jüdischen Mystiker von der „Schlange der Weisheit" gewiesen, die sich hier im Gegensatz zu der biblischen Schöpfungsgeschichte in noch nicht dämonisierter Gestalt hat erhalten können.

Nebenan in Babylonien am Euphrat und Tigris war man noch gründlicher: Dort zerstückelte der Königsgott die schlangengestaltige Urgöttin Tiamat und erschuf aus ihren Teilen Himmel und Erde. Hier wurde die alte Vorstellung, daß die Welt aus den Teilen eines riesenhaften Urmenschen besteht, zu Hilfe genommen, um den Wechsel an der Spitze der Religion zu illustrieren. Tiamat entspricht hier ganz dem germanischen Urriesen Ymir, aus den in der germanischen Mythologie die Welt erschaffen wurde.

Der Name der babylonischen Urgöttin Tiamat bedeutet „Die, die alle gebar" – sie ist also die Urmutter (tia = alle; mat = Mutter). Sie wurde von den Babyloniern als Wasserschlange angesehen und später bei den Assyrern hatte sie die Gestalt eines Drachen, dessen Körper sich in verschiedenen Variationen aus einem Schlangenkörper, Pferdekörper, Löwenpranken, Adler-Hinterläufen und Raubvogelflügeln zusammensetzte.

Ein besonderer Schatz wird hier nicht erwähnt, aber dafür ist Tiamat die Göttin des Urwassers, das ursprünglich das Fruchtwasser in der Gebärmutter war und das hier zu einem kosmischen Symbol vergrößert worden ist. Dies paßt gut zu Tiamat, da sie ja die ist, „die alle Wesen geboren hat". Das „große Wasser" als Symbol des Fruchtwassers ist der Ort, aus dem alle Wesen kommen und daher auch der Ort, zu dem alle Wesen wieder zurückkehren – das „große Wasser" ist das Jenseits. Nach und nach wurde dieser Ort rationalisiert, so daß daraus zunächst eine Insel im Meer und später dann das Land auf der anderen Seite des Jenseitsflusses wurde.

In Indien ist es die Riesenschlange Vritra, die den Schatz bewacht, der ihr dann von dem Götterkönig Indra gestohlen wurde – dieselbe Geschichte wie in Babylonien: der Königsgott stellt sich an die Stelle der Göttin. Der Name Vritra bedeutet „der, der (alles) umgibt" – die Bedeutung ist also dieselbe wie die der germanischen Midgartschlange, die Jörmungandr, also „Weltumspanner" genannt wird: sie ist die Schlange, die die gesamte Unterwelt umgibt.

Der Schatz, den Vritra bewacht, ist in dieser Mythe besonders interessant: es ist das Wasser des Lebens. Dieses Wasser des Lebens findet sich in vielen Mythen zunächst als die Milch der Muttergöttin, mit der sie die wiedergeborenen Toten im Jenseits nährt, dann als das rituelle Getränk, das in Indien Soma hieß, bei den Germanen Met, bei den Griechen Nektar und Ambrosia, der bei den Ägyptern als der Trank der Muttergöttin Hathor erscheint, und der sich auch weiter von Mesopotamien entfernt z.B. bei den Mayas als Balché-Trank findet. Später taucht er dann als das Lebenselixier bei den mittelalterlichen Alchemisten in Europa und bei den Yogis in Indien auf.

Dieses Lebenswasser ist ursprünglich aus einer „Nebenszenerie" der Wiedergeburt entstanden: Es lag nahe, daß der Tote, der von der Göttin im Jenseits wiedergeboren wurde, anschließend auch von der Göttin gestillt wurde. Dadurch teilte die Milch der Göttin dann die lebensspendende Qualität der Wiedergeburt durch die Göttin.

In gleicher Weise gab es auch die weitverbreitete Vorstellung, daß die Toten (zumindest die männlichen) ihre Seele mit der Muttergöttin vor der Wiedergeburt auch erst einmal „wiederzeugen" mußten.

Der Götterkönig, der zu Beginn des Königtums schnell zu der die Religionen prägenden Gottheit wurde, wollte den größten Schatz der Muttergöttin rauben: das Geheimnis der Geburt und vor allem der Wiedergeburt im Jenseits. Die Szenerie, in der der Held die schöne Jungfrau vor dem Drachen rettet, ist also eine spätere, romantisch-dramatische Umdeutung des eigentlichen Sachverhaltes.

Ursprünglich ist der Held der Tote gewesen, der von der Schlange zu der Muttergöttin geführt wurde, die ihn im Jenseits, nachdem er seine eigene Seele mit ihr gezeugt hatte, als Seelenvogel wiedergebar. Zu Beginn des patriarchalen Königtums wurde der Tote zu dem „Opfer" (Adam) der verführerischen Göttin (Eva) uminterpretiert. Danach wurde das „Opfer" zu dem über die Muttergöttin und ihre Riesenschlange siegreichen Königsgott weiterentwickelt (z.B. im Drachenkampf des Erzengels Michael). Schließlich verlor die Göttin zumindest in dieser Mythe völlig jeglichen Einfluß und sie wurde zu der armen, gefangenen Jungfrau, die von dem Sonnen-Helden befreit und geheiratet wurde ...

Die Übertragung vom Menschlichen ins Kosmische war ein generelles Verfahren zur Weltbeschreibung in der Jungsteinzeit, das dann später von Hermes Trismegistos als „Wie oben, so unten" zusammengefaßt wurde und oft auch mit der Formel „Microkosmos = Macrokosmos" beschrieben wird.

In dieser Weise ist in Indien auch die Vorstellung entstanden, daß der Schlangengott Vasuki den Milchozean rührt, um den Unsterblichkeitstrank Soma zu bereiten. Hier hat die Milch der Muttergöttin kosmische Ausmaße erlangt, so daß es auch einer Riesenschlange bedarf, um diesen Trank zu rühren. Das Rühren selber zeigt, daß sich in dieser Mythe die Vorstellung der Milch der Göttin schon zu dem Bild von dem rituell hergestellten Trank, der in den religiösen Wiedergeburts-Ritualen verwendet wurde, weiterentwickelt hatte.

Ein ganz ähnliches Bild vom Brauen des Göttertrankes in „kosmischem Format" findet sich bei den Germanen, die die Vorstellung hatten, daß unter dem Weltenbaum am Nordpol eine Quelle ist, aus der zwölf Flüsse entsprangen, die dann zu den Gletschern des Polarkreises wurden. Diese Quelle wurde Hvergelmir, also „Braukessel" genannt, womit der Kessel gemeint ist, in dem der Göttertrank hergestellt wurde.

Auch der Drache Fafnir, den Siegfried erschlug, bewachte einen Schatz: den Nibelungenhort. Daß es mit diesem Schatz mehr auf sich haben muß als seine Darstellung als eine große Menge Gold zunächst annehmen läßt, kann man schon ahnen, wenn man bedenkt, daß Siegfried, als er vom Blut des Drachen leckte, die Sprache der Vögel verstehen konnte, die ihm verrieten, daß er, wenn er sich mit dem Blut des Drachen einreiben würde, unverwundbar werden würden. Unverwundbar und unsterblich (Wiedergeburt) liegt nahe beieinander und es ist auch bei der Unverwundbarkeit eine Flüssigkeit (Blut), die von dem Drachen „bewacht" wurde, durch die diese Eigenschaft erlangt wird.

Auch die Muttergöttin war nicht fern von dieser Szenerie: Die Walküre Brünhilde in der Waberlohe, also in einem Feuerkreis. Der Feuerkreis ist wie die Schlange und der feuerspeiende Drache ein Symbol für die Grenze zum Jenseits. Die Walküre ist demnach die Muttergöttin, die die Seelen der auf dem Schlachtfeld Gefallenen ins Jenseits holt.

Das Feuer ist die Lebenskraft der Muttergöttin, die durch diese Lebenskraft den Toten ihr neues Leben im Jenseits schenkt, wie man an der Szene aus der griechischen Mythologie sehen kann, in der die Muttergöttin Demeter einem Kind dadurch die Unsterblichkeit geben will, daß sie es ins Feuer hält. Hier liegt auch der mythologische Ursprung für das Feuerlaufen ...

Die kriegerische Szenerie von Odin, Siegfried, den Walküren und den auf dem Schlachtfeld gefallenen Germanen ist schon eine Umdeutung aus der Epoche des Königtums. Die Muttergöttin bei den Germanen ist Freya, die sich mit Odin die Seelen halbe-halbe teilt – was ebenfalls eine Umdeutung zugunsten des neuen Königsgottes ist.

Die „Schwanenhemden" der Walküren und das „Falkenhemd" der Freya, durch das sie sich in Vögel verwandeln können, kennzeichnet beide als „Mutter der Seelen". Da man bei einem Nahtod-Erlebnis sich selber als über dem eigenen materiellen Körper schwebend erlebt (und Nahtoderlebnisse waren in der Steinzeit noch sehr häufig), lag es nahe, die Seele mit dem Bild eines Vogels zu beschreiben. Daher findet sich die Seele weltweit als Vogel, Vogel mit Menschenkopf, Mensch mit Flügeln, Mensch im Federkleid usw. dargestellt.

Eine etwas ursprünglichere Version der in der Siegfriedsage dargestellten Szenerie findet sich bei den Germanen in der in der Edda berichteten Reise Odins zu der Riesentochter Gunnlöd. Diese Geschichte begann damit, daß der Riese Suttungr den germanischen Göttern den Göttermet geraubt und seiner Tochter Gunnlöd zur Bewachung übergeben hatte und die Götter nun ohne diesen Unsterblichkeitstrank zu altern begannen – genaugenommen hat dieser Trank natürlich schon immer der durch die Riesentochter Gunnlöd dargestellten Muttergöttin gehört, aber Rechtfertigungen für Machtübernahmen hat man offensichtlich schon immer gesucht ...

Odin zog nach dem Raub des Göttermets unter allerlei Abenteuern zu dem Berg, in dem Gunnlöd den Trank bewachte, verwandelte sich in eine Schlange und kroch in den Berg. Dort vereinte er sich mit Gunnlöd, trank den Göttermet aus und flog dann

27

als Adler nach Asgard zu den anderen Göttern zurück.

Hier findet sich viele alte mythologische Motive: die Schlange als Weg ins Jenseits, der Weltenberg als Weg ins Jenseits, die Seelenzeugung mit der Muttergöttin, die Verwandlung in einen Seelenvogel und das Trinken des Göttermets, also das Säugen an der Brust der Muttergöttin – und diese Motive stehen hier noch alle an ihrem richtigen Platz in einer Geschichte zusammen.

In der Siegfriedsage ist diese alte Symbolik abgekürzt worden: aus der Verwandlung in eine Schlange auf dem Weg ins Jenseits sowie dem Trinken des Trankes des Lebens wird das Lecken am Blut des getöteten Drachen, und aus der Verwandlung in einen Seelenvogel wird das Verstehen der Vogelsprache.

Aus der Unsterblichkeit durch die Milch der Muttergöttin wurde in der Epoche des Königtums die Unverwundbarkeit durch das Blut des Drachen. Auch im Christentum trat das Blut Christi an die Stelle der Milch der Muttergöttin.

Dieselbe Geschichte wie von Odin und Gunnlöd wird auch von Zeus erzählt, der sich ebenfalls in eine Schlange verwandelte, um in die Unterwelt zu gelangen und sich dort mit der Jenseitsgöttin Persephone zu vereinen.

Es wundert daher nicht, daß die Griechen die Schlange aufgrund ihrer Häutungen und ihrer Verbindung zum Jenseits als unsterblich ansahen und zum Symbol der Ärzte machten.

Eine ähnliche Szene wie die des Siegfried, der durch das Drachenblut fast unverwundbar wird, findet sich auch bei den Griechen, in deren Mythologie Achilles von seiner Mutter dadurch unverwundbar gemacht wurde, daß sie ihn in den Jenseitsfluß Styx taucht. Auch hier findet sich die Mutter (-göttin), der ein wenig umgedeutete „Trank des Lebens" und die Unverwundbarkeit.

Die ursprüngliche Bedeutung der Unsterblichkeit (Wiedergeburt im Jenseits) statt der Unverwundbarkeit ist in dieser griechischen Mythe noch deutlich zu sehen: Achilles' Mutter, die Göttin Thetis, wollte Achilles unsterblich machen, was aber außerhalb ihrer Macht lag, und schützte ihn daher durch eine fast vollkommene Unverwundbarkeit. Das Drachenblut und das Wasser des Jenseitsflusses sind in beiden Mythen eine Ausweitung der Lebenstrank-Symbolik auf die „dem Lebenstrank symbolisch nahestehenden Flüssigkeiten".

In der griechischen Mythologie verwandelte sich die Göttin Thetis, als sie von Peleus angegriffen wurde, in einen Löwen und eine Schlange – in das Krafttier der Schamanen und in das Tier des Jenseitsweges. Hier taucht wieder die Symbolik der Schlange auf, die auch in dieser Szene als Tier der Muttergöttin erkennbar ist.

Die Verbindung der Muttergöttin mit dem Unsterblichkeitstrank und der Schlange ermöglichte noch ein anderes Motiv: den Unsterblichkeitstrank am Weltenbaum. Da der Weltenbaum der Weg zur Muttergöttin war, wurde der Weltenbaum häufig auch als eine Gestalt der Muttergöttin selber angesehen, weshalb es wiederum nahelag, den

Unsterblichkeitstrank als Frucht des Weltenbaumes anzusehen – die Muttergöttin gibt Milch und der Muttergöttin-Weltenbaum gibt Früchte ...

Dabei kann der Apfel sowohl das Unsterblichkeit verleihende Geschenk der Göttin symbolisieren als auch die wiedergeborene Seele selber, die neben ihrer wichtigsten Gestalt als Vogel schon seit der Jungsteinzeit auch als Blüte am Weltenbaum oder als Stern am Himmel dargestellt wurde. Der Unterschied zwischen dem Apfel am Weltenbaum als Unsterblichkeit verleihende Frucht und dem Apfel als der wiedergeborenen Seele ist letztlich nicht sehr groß.

So entstand die Vorstellung vom Apfel am Baum der Erkenntnis im Paradies, der von einer Schlange bewacht oder bewohnt wird. Bei den Griechen findet sich dieser Apfelbaum nicht im Garten Eden, sondern im Garten der Hesperiden. Diese drei bis neun Hesperiden genannten Frauen sind Nymphen, also niedere Göttinnen oder Priesterinnen. Der Baum wird auch hier von einer Schlange bewacht, die Ladon heißt und mehrere Köpfe hat. Auch die Germanen kannten Äpfel, die unsterblich machten: Die Äpfel der Göttin Idun, die diese regelmäßig den Göttern brachte. Auch unter dem germanischen Weltenbaum wohnte eine Schlange mit dem Namen Niddhöggr, also „Neidnatter". Man darf davon ausgehen, daß diese Schlange ursprünglich einmal einen anderen, lebensfördernderen Namen getragen hat: Jörmundgandr ...

Auch auf der anderen Seite der Erde gibt es solche Vorstellungen: In der Mythologie der Aborigines in Australien gibt es die Regenbogenschlange, die den „Traumzeit" genannten heilen Urzustand der Welt darstellt, die die Wasser behütet und die Leben und Tod gibt. Auch hier ist die Schlange mit der Unsterblichkeit („Urzustand") und dem (Frucht-) Wasser der Muttergöttin verbunden.

Man kann beobachten, wie aus der einfachen Schlange in den Mythen durch Hinzufügen von den Körperteilen anderer Tiere allmählich das Drachen-Monster entstanden ist. Anfangs war es vor allem die Vermehrung der Köpfe und die Hinzufügung der Flügel (Assoziation der Schlange mit dem Seelenvogel), aber später wurde sie dann mit den Körperteilen eines jeden in Bezug auf die Unterwelt und die Unsterblichkeit relevanten mythologischen Tieres verbunden.

Durch solche Zusammensetzungen entstand auch der Basilisk, der eine Schlange mit dem Kopf eines Hahnes (Seelenvogel) war, dessen Blick jedes Lebewesen versteinerte (Tod).

Die Chimäre war eine Ziege mit einem Schlangenschwanz als hinterer Hälfte – das Urbild des Tierkreiszeichens Steinbock.

In der griechischen Mythologie finden sich die Gorgonen, drei Schwestern, die statt Haaren Schlangen auf dem Kopf tragen und deren Blick wie der des Basilisken jeden Menschen zu Stein werden läßt. Das Haupt der Gorgo Medusa trug Athene später auf ihrem Schild, wodurch sie praktisch unangreifbar wurde, da jeder, der im Kampf die

Göttin anblickte, auch ihren Schild mit dem Haupt der Medusa mit dem Schlangen-haar sah und folglich zu Stein erstarrte.

Eine ähnliche Entstehungsgeschichte hat auch die Sphinx. Sie ist zunächst einmal ein Löwe oder Panther, der wie das Großraubtier allgemein die größte Kraft darstellt: die körperliche Kraft des besten Jägers, die magische Macht des Schamanen und die politische Macht des Königs. Dazu fügt sich dann der menschliche Kopf des Schama-nen bzw. Königs und meistens auch noch die Flügel des Seelenvogels. In der Sphinx findet sich eine Zusammenfassung der ganzen schamanischen Symbolik: der Schama-ne (Mensch), seine Seele (Vogel) und seine Kraft (Löwe) – der Schamane reist als Seele ins Jenseits (Astralreise) und holt von dort mit Hilfe seiner magischen Kraft die Seele des Verstorbenen in seinen Schädel, seine Statue oder seine Mumie im Diesseits zurück, damit seine Nachkommen weiterhin von den Seelen ihrer Eltern oder Groß-eltern beschützt werden. Daher steht die Sphinx symbolisch immer am Eingang zum Jenseits: am Weg zum Grab in der Pyramide.

Die Schlange war offenbar der Weg in das Jenseits oder der Helfer auf dem Weg in das Jenseits zu der Muttergöttin, während der Seelenvogel, also die Wiedergeburt, das Ziel dieser Reise war. Es war daher naheliegend, beide Symbole miteinander zu verbinden. Auf diese Weise ist z.B. der Hermesstab entstanden, an dem sich oben auf einem Stab eine Sonnenscheibe mit zwei Flügeln befindet, zu der sich zwei Schlan-gen den Stab emporwinden. Der Stab ist der Weltenbaum als der Weg zu der Vogel-seele, auf dem die beiden Schlangen dem Toten bzw. dem Schamanen behilflich sind. In Mittelamerika hat sich aufgrund dieses Zusammenhanges die „Federschlange" Quetzalcoatl gebildet. Selbst Buddha fand seine Erleuchtung noch unter einem (Wel-ten-) Baum.

... und durch diese Verbindung von Schlange und Seelenvogel sind die Drachen zu ihren Flügeln gekommen und haben fliegen gelernt ...

In China hat sich der Drache aus einer Schlange gebildet, die durch die Tatzen des Tigers, die Krallen der Raubvögel, den Kopf eines Löwen, das Geweih eines Hirsches und die langen Fäden am Maul des Wels oder eines ihm verwandten Süßwasser-fisches ergänzt wurden.

In Japan gibt es die Vorstellung, daß Drachen als Schlange geboren werden und sich dann erst in einem bestimmten Alter in Drachen verwandeln. Bisweilen verwandeln sich in den japanischen Mythen die Drachen auch in schöne Frauen, was wohl eine Erinnerung an die Verbindung der Schlange mit der Muttergöttin sein wird.

Die Schlange als ein eng mit der Erde verbundenes Tier ist der Weg zur Mutter-göttin und somit auch das Tier der Muttergöttin und manchmal sogar die Gestalt der Muttergöttin wie z.B. bei der babylonischen Tiamat. Daher wundert es nicht, daß sich in den frühen Tempeln auch immer wieder Darstellungen von Priesterinnen mit

Schlangen finden.

In Griechenland ist die bekannteste Priesterin sicherlich die Orakelpriesterin von Delphi, die den Namen Pythea, also „Schlange" trägt. Aus Kreta sind die Darstellungen von Priesterinnen, die in jeder Hand eine Schlange halten, recht berühmt geworden.

Dieselbe Darstellung gibt es auch aus Babylonien, wo eine Göttin zwei Schlangen in ihren Händen hält. Diese Göttin ist unter dem Namen Kadeschet auch in Nordägypten verehrt worden. Dies ist zwar ein kleinasiatischer „religiöser Import" nach Ägypten gewesen, wie schon der Name der Göttin („Die aus der Stadt Kadesch") zeigt, aber die Vorstellung selber ist auch aus Ägypten bekannt: Die Muttergöttin Hathor trägt eine Rassel, deren drei oder vier Rasselstäbe die Gestalt von gewundenen Schlangen haben. Mit Hilfe dieser Rasseln versetzte sich die Tänzer und Tänzerinnen im Kult der Hathor in Trance, um in das Jenseits zu der Göttin zu reisen. Auch hier ist die Schlange der Weg zur Göttin.

In den Anden trägt bei den Inkas (Qetchua-Indianer) die Erdmutter Pachamama eine Krone aus zwei Schlangen und steht auf Pflanzen – hier sind die Nahrungs-Pflanzen der Schatz, den die Göttin gibt. Das Korn oder der Mais sind eine naheliegende Weiterentwicklung der Unsterblichkeitstrank-Symbolik: Der Trank gibt das Leben im Jenseits und das Getreide gibt das Leben im Diesseits.

Aus der Wasserunterwelt und dem Lebenstrank wurde in diesem Zusammenhang auch der Regen, der das Getreide auf den Feldern wachsen läßt. Dadurch wurde die Schlange bzw. der Drache auch zum Regenbringer. Schon in Babylonien wurden die Schlangen und Schlangengottheiten als die Regenbringer angesehen. In fast ganz Afrika findet sich die Vorstellung von einer Regenbogenschlange, die die Wolken und den Regen bringt. Auch in China werden Drachen vor allem als Wind-, Wasser- und Wolkendrachen dargestellt, also als die Bringer des Regens.

Durch die Übertragung der Jenseitsreisesymbolik, in der der Himmel als ein Meer (Wasserjenseits) angesehen wurde, auf den Ackerbau, wurde der Himmel zu einem Meer, von dem herab es regnete. Daher fanden sich die Schlangen und Drachen, die die Führer auf dem Weg ins Jenseits waren, auch in den Wolken und im Regen wieder.

Da der Regenbogen offensichtlich Himmel und Erde verband, wurde er oft als ein Weg zum Himmel und zu den Göttern angesehen. So entstand unter anderem die Vorstellung von einer Regenbogenbrücke wie z.B. bei den Germanen die Brücke „Bifröst". Durch die Verbindung der Schlange mit dem Jenseitsweg entwickelte sich die Vorstellung von der Regenbogenbrücke dann zu dem Motiv der Regenbogenschlange weiter.

Die bekannteste Szene aus diesem Zusammenhang sind vermutlich die Priestertänzer der Hopis, die ca. 100 Schlangen fangen und dann bei dem rituellen Regentanz die Schlangen an ihrem Genick mit ihren Zähnen halten und sie anschließend in das Sandmandalabild auf das Symbol der vier Blitze legen, die den Regen und das Gewitter symbolisieren.

In Ägypten gibt es zwar so gut wie keinen Regen, aber auch hier findet sich die Schlange in der Gestalt der Schlangengöttin Thermuthis, die das Getreide und die Nahrungspflanzen gedeihen läßt.

Die Reise in die Unterwelt ist eine schwierige Angelegenheit. Daher ist es kein Wunder, daß mehrere Völker auf die Idee kamen, den Weg in die Unterwelt als ein Labyrinth darzustellen. Die ersten Labyrinthe waren lange, verschlungene Wege, die aber ohne Verzweigungen schließlich immer in die Mitte führten.

Die einfachste Form dieses symbolischen Jenseitsweges ist die Spirale. Die nächste Entwicklungsstufe sind die vielfach gewundenen Wege zur Mitte, von denen das Labyrinth auf dem Boden der Kathedrale von Chartres wohl am bekanntesten sein dürfte – die Form der Windungen dieses Labyrinths ist dabei seit der Jungsteinzeit in allen Darstellungen immer dieselbe gewesen.

Später kamen dann auch Labyrinthe mit Seitenwegen, Irrwegen und Sackgassen hinzu, in denen man sich tatsächlich verlaufen konnte. Am bekanntesten ist vermutlich das Labyrinth des Minotaurus in Knossos auf Kreta, aus dem Theseus nur dank des Einfalls seiner Geliebten Ariadne, ihm einen roten Faden in das Labyrinth mitzugeben, wieder hinausfand.

Der Weg in die Unterwelt ist nicht einfach – außer wenn man gerade gestorben ist, natürlich. Die Schamanen erlernten die Fähigkeit, ins Jenseits reisen zu können, nicht freiwillig: Durch das Nahtod-Erlebnis verließen sie z.B. bei einem Jagdunfall ihren materiellen Körper und flogen dann als Seelenvogel zum Jenseitsfluß und sahen dort ihre verstorbenen Ahnen und auch ihre eigene Seele. Danach konnten sie dann durch Übung dieses Erlebnis absichtlich wiederholen.

Da es auch möglich ist, ohne eine solche Astralreise innere Bilder einschließlich solcher vom Jenseits zu sehen, ist es nicht verwunderlich, daß nach und nach auch solche Traumreisen an die Stelle der Astralreisen traten. Solche Traumreisen sind eine durchaus reale Angelegenheit, da man in ihnen per Telepathie z.B. verlorene Sachen suchen (und vor allem auch finden) kann.

Ein nächster Entwicklungsschritt war es dann, diese Reise ins Jenseits nur noch formal zu unternehmen, d.h. sie sich innerlich nur vorzustellen. Bei diesem Prozeß entstanden durch die vielen „Reiseberichte" immer detailliertere Beschreibungen des Jenseits und des Weges dahin, die sich die angehenden Schamanen und später die Priester beim Bestattungsritual wißbegierig anhörten und auswendig lernten – wer weiß, ob man das eine oder andere nicht bald brauchen würde ...

So kam es, daß jede Tür und jede Schwelle und jeder Geist, dem man auf der

Jenseitsreise begegnen konnte, einen Namen erhielt. Auf den Jenseitsreisen war es dann von Nutzen, diese Namen zu kennen, da dies ein Gefühl der Sicherheit und auch eine tatsächliche magische Macht gab.

Aus dieser Anwendung der Namen in der Jenseitsreise und wohl auch aus dem prüfenden Zuhören der erfahrenen Schamanen, denen die Neulinge diese Namenslisten vortrugen, entstanden dann zum einen die u.a. aus den ägyptischen Totenbüchern oder der germanischen Edda bekannten Wissenslieder, in denen alle diese Dinge, Wesen und Namen aufgeführt werden, und zum anderen die Rätselgeschichten, in denen ein Schamane oder Gott auf seiner Reise in die Unterwelt Wissens-Rätsel lösen muß ... so wie im „Hobbit" der arme Bilbo Beutlin bei Gollum tief unter der Erde.

Die bekannteste dieser Rätselsteller auf dem Weg in die Unterwelt ist die Sphinx in Gizeh an dem Weg vom Taltempel des Chephren hinauf zu seiner Pyramide – dieser Weg ist symbolisch der Weg ins Jenseits.

Aus der tatsächlichen Astralreise des Schamanen wurde mit der Zeit das auswendiggelernte Wissen der Priester über die Dinge, die einem auf dem Weg ins Jenseits begegnen konnten ...

Auf diesem Jenseitsweg hilft auch in Ägypten den Reisenden eine Schlange: Die Schlangengottheit „Ringler" beschützt den Sonnengott Re auf seiner Reise durch die Nacht.

Eine spezielle Variante des Drachen als Helfer auf dem Weg ins Jenseits findet sich bei den Germanen, d.h. genauer gesagt bei den Wikingern. Der Weg ins Jenseits führt über den Jenseitsfluß bzw. über das Meer zu der Insel der Toten weit draußen im Westen, wo die Sonne im Meer versinkt. Aus dieser Vorstellung hatte sich allgemein die Vorstellung des Schamanen als Jenseitsfährmann (z.B. der heilige Christopherus) ergeben.

Es lag nun nahe, auch die normalen, diesseitigen Fahrten über das Meer genauso wie die jenseitige Fahrt über die Wasser der Unterwelt unter den Schutz der Schlange bzw. des Drachen zu stellen. So entstanden die Drachenboote der Wikinger, die an ihrem Vordersteven den geschnitzten Kopf eines Drachen anbrachten, der das Haupt des Nidhöggr war.

Diese Drachenköpfe wurden als magisch sehr mächtig angesehen, weshalb der erste Paragraph der alten isländischen Verfassung aus der Wikingerzeit allen Seeleuten befahl, den Drachenkopf von ihrem Boot abzunehmen und unter Deck zu verstauen, bevor sie in Sichtweite von Island kamen, um nicht die Erdgeister zu verscheuchen und somit Mißernten hervorzurufen. Diese Drachenköpfe waren also zum Vertreiben von (bösen) Geistern jeglicher Art gedacht.

Zu demselben Zweck brachten die Ägypter vorne am Bug ihrer Schiffe auf beiden Seiten ein Horusauge an. Das Horusauge bestand wie die Sphinx aus Teilen des Menschen, des Löwen/Panthers und des Seelenvogels/Falken: dem Auge des Menschen, dem dreieckigen Fleck unter dem Falkenauge und der geschwungenen Linie neben der Nase des Panthers.

Späte Nachfolger dieses Brauches sind die Gallionsfiguren der großen Segelschiffe – in der Regel Frauengestalten ... eine spätere Erinnerung an die Muttergöttin. Am häufigsten finden sich als Gallionsfiguren Nixen, die Wassergeister sind und die zumindest in der germanischen Mythologie auch Vogelgestalt annehmen können – der Unterschied zu Freya als Muttergöttin in der Wasserunterwelt, die durch ihr Falkenhemd anderen die Gestalt dieses Vogels verleihen kann, ist wirklich nicht besonders groß.

In Indien sind die Nagas, die die Gestalt von Schlangen mit dem Kopf oder dem Oberleib eines (oder mehrerer) Menschen haben, die Wächter aller Tore auf dem Weg ins Jenseits. Der siebenköpfige Ananta, der größte der Nagas, trägt im Urmeer schwimmend den zwischen der Existenz zweier Welten schlafenden Vishnu. Später, nach einer erneuten Weltschöpfung, trägt Ananta auch die Erde im Urmeer. Hier ist das Ruhen der Seele in der Wasserunterwelt ins Kosmische übertragen und zum Schlaf des Gottes Vishnu im Urmeer geworden.

Die Ägypter hatten die Vorstellung, daß alle Seelen des nachts in das Urmeer, in dem die Urgötter in der Gestalt von Schlangen und Fröschen lebten, zurückkehrten, um sich dort zu erfrischen. Dies ist eine Verallgemeinerung der Vorgänge beim Tod auf die Vorgänge beim Schlaf – wobei man ja auch tatsächlich sowohl beim Nahtoderlebnis als auch im Schlaf mit seinem Astralkörper seinen materiellen Leib verläßt und den Kontakt mit der eigenen Seele aufnimmt.

Durch ihre Verbindung mit der Muttergöttin, den Seelen und der Wiedergeburt waren die Schlangen auch ein Symbol der Lebenskraft. Daher werden sie des öfteren vor dem Ausüben von Magie zu Hilfe gerufen. Ganz besonders ausgeprägt findet sich dies bei den Mayas, die jedes Ritual mit der Anrufung der Schlange und einem Opfer für sie begannen, um die nötige Lebenskraft für den beabsichtigten Zauber bereitzustellen.

Da die Lebenskraft, wenn man sie in sie im eigenen Körper spürt, als verschiedene Formen von Hitze wahrgenommen wird, wird sie vor allem in Afrika auch Lebensfeuer genannt. Diese Auffassung findet sich auch bei den Ägyptern, bei denen die Uräusschlange, die an der Stirn des Pharaos sitzt und den Pharao und ganz Ägypten beschützt, Feuer speien kann. Sie war vermutlich die erste feuerspeiende Schlange bzw. Drache. Die Schlange Mehem beschützte den Sonnengott Re in seiner Barke während seiner Reise durch die nächtliche Unterwelt, indem sie ihn als neun Feuerkreise umhüllte.

Diese Feuerkreise finden sich auch bei den Germanen, bei denen z.B. Brünhilde in einer Waberlohe, also einem Feuerkreis gefangen war, der den Übergang zum Jenseits darstellte. Diese Assoziation von Schlange, Feuer, Lebenskraft und Unterwelt findet sich auch in dem Bild der christlichen Feuerhölle mit dem Teufel als „böse Schlange". Die Feuerbestattung ist die positive Variante dieser gefürchteten Verbindung des Jenseits mit dem Feuer.

Manchmal wurde das Feuer auch im Kampf gegen die Schlange bzw. den Drachen benutzt. So konnte z.B. Herakles die neunköpfige Schlange Hydra nur dadurch besiegen, daß er jeden ihre Hälse mit Feuer verbrannte, was nötig war, weil aus jedem ihrer Halsstummel nach dem Abgeschlagen des Kopfes sofort zwei neue Köpfe wuchsen.

Da die Lebenskraft symbolisch ein Feuer und außerdem eine Gabe der Schlange bzw. des Drachen ist, ergibt sich daraus, daß die Schlangen bzw. Drachen hellsichtig sein müssen, d.h. daß sie die Lebenskraft wahrnehmen können – und folglich diese Gabe auch den Menschen geben können. Diese Auffassung findet sich besonders im alten Griechenland und in Indien.

Das Feuer taucht daher auch in den Mythen des öfteren als das Element der Göttin auf, wie z.B. in der Erzählung über die Entstehung der Mysterien von Eleusis: Demeter benetzte als Amme getarnt den neugeborenen Königssohn Demophon mit dem Lebenstrank Ambrosia und hielt ihn über das Feuer, um ihn unsterblich zu machen – was aber nicht gelang, da Demeter von den Eltern des Demophon gestört wurde. Hier findet sich wieder die Fast-Unsterblichkeit wie bei Siegfried und bei Achilleus.

Diese griechische Göttin ist auch mit den Schlangen verbunden: In den ältesten Darstellungen wird Demeter mit Schlangen als Haaren dargestellt. Dies entspricht der Darstellung der Gorgo. Bei Demeter findet sich die Muttergöttin, die Schlangen, der Lebenstrank und das Feuer noch in einer vollständigen Symbolik.

Bisweilen wurde die Schlange auch um Hilfe gegen die realen Schlangen in der Wüste angerufen wie z.B. von Moses, der einen eisernen Schlangenstab in der Mitte des Lagers der wandernden Juden aufstellte, als diese von einer Unmenge von Schlangen bedroht wurden. Jeder, der auf diesen Stab blickte, war vor Schlangenbissen gefeit.

In Ägypten gab es einen speziellen Schlangenschutzzauber: In jedem Dorf stand eine Statue des Falkengottes Horus in Kindergestalt, der mit seinen Füßen auf Schlangen, Krokodilen und Skorpionen stand. Über diese Statue goß man bei einem Schlangenbiß einen Krug voll Wasser, fing es mithilfe der Abflußrinne unterhalb der Statue wieder auf und trank einen Schluck davon. Das damit verbundene mythische Bild ist der magische Schutz der Göttin Isis für ihren Sohn Horus.

Die allgemeine Symbolik entwickelte sich nach der einfachen Assoziation in der Altsteinzeit und der Vergrößerung der Symbole zur Beschreibung der ganzen Erde in der frühen Jungsteinzeit nun in einer dritten Stufe wieder einen Schritt weiter: In der Jungsteinzeit entstanden die Analogien zur Beschreibung der Welt wie z.B. das Gleichnis zwischen dem Schicksal des Menschen und dem Schicksal des Getreides. Diese Analogien setzen entweder den Menschen mit der Welt oder das Diesseits mit dem Jenseits in eine Parallele, wodurch sich zwei große Gruppen von Analogien ergeben.

Die Mensch-Welt-Analogie beschreibt vor allem das Gleichnis zwischen Mensch und Getreide:

3. Stufe der Symbolentwicklung Analogie-Symbole I	
Mensch	**Welt**
Aussaat	Zeugung
Keimen	Geburt
Wachsen	Leben
Ernte	Tod
Lagern	Aufenthalt im Jenseits
Aussaat	Wiedergeburt
Rückgrat	Weltenbaum

Die Jenseitssymbolik dreht sich um die Muttergöttin, die bereits in der Altsteinzeit als „doppelte Frau" dargestellt wurde: zwei Frauenoberkörper, die auseinander herauswachsen. Die zentrale Gestalt, die diese Vorgänge selber beschreibt, ist der Korn- und Totengott, der sowohl der Urahn der Menschen als auch das personifizierte Getreide ist.

3. Stufe der Symbolentwicklung Analogie-Symbole II	
Diesseits	**Jenseits**
Fruchtwasser	Wasserunterwelt
zweifache Muttergöttin	zweifache Muttergöttin
Zeugung	Wiederzeugung mit der Muttergöttin
Geburt	Wiedergeburt durch die Muttergöttin
Stillen	Stillen durch die Muttergöttin
Urahn; Menschen allgemein	Getreidegott (zugleich Totengott)
Schlange	Jenseitsführerin
Ritualtrank (Soma, Nektar, Met u.a.)	Milch der Göttin

Diese Symbolik wurde in Bezug auf den Ackerbau immer weiter differenziert, wobei insbesondere der Regen von großem Interesse war.

3. Stufe der Symbolentwicklung speziellere Ackerbau-Analogiesymbolik	
allgemeines Symbol	**Ackerbau-Symbol**
Zeugung, Wiederzeugung	Vereinigung von Gott und Göttin
Same des Gottes	Regen
Urmeer (Fruchtwasser der Muttergöttin)	Überschwemmung, Bewässerung
Schlange, Drache	Wind, Wolken, Regen, Wasser, Meer

Auch die Vorgänge beim Herstellen des Ritualtrankes, der die Milch der Göttin darstellte, führte zu einer detailreichen Symbolik, die vor allem aus einer Vergrößerung der Elemente der Braukunst ins Kosmische bestand.

3. Stufe der Symbolentwicklung speziellere Ritualtrank-Analogiesymbolik	
Ritualtrank	**kosmisches Symbol**
Milch	Milchozean
Rührstab	Weltensäule als Rührstab
Kessel	Quelle aller Flüsse am Weltenbaum
Ritualtrank	Regen
Schlange	Wächterin des Trankes

Aus dieser Weltsicht ergab sich dann die komplexe Schlangen- und Drachensymbolik. In der Tabelle steht jeweils links das ursprüngliche Bild und rechts das, wozu sich dieses Bild dann weiterentwickelt hat.

Drachen- und Schlangensymbolik	
ursprüngliche Symbolik	**weiterentwickelte Symbolik**
1. Drache und Unterwelt	
Grab	Unterwelt
Schlange kriecht auf der Erde	Tier der Unterwelt
Tier der Unterwelt	Unterweltsweg
Unterweltsweg	Jenseitsführer
Unterweltsweg	Erdumspanner
Unterweltsweg	Verwandlung in eine Schlange auf dem Weg in die Unterwelt
2. Drache und Weltenbaum	
Weg ins Jenseits	Weltenbaum
Weltenbaum	Baum der Erkenntnis

3. Schlange und Frau	
Schlange	Schlange verwandelt sich in Drache
Schlangen-Jenseitsführer	Schlangen = Tier der Göttin
Muttergöttin und Schlange	Schlangen-Priesterin
Schlangenpriesterin	Orakel der Pythea („Schlangenpriesterin") in Delphi
Muttergöttin	Jungfrau

4. Drache und Lebenselixier	
Wiedergeburt	von der Göttin gesäugt werden
Milch der Göttin	Lebenstrank
Trank des Lebens	Schatz
Schlange und Lebenstrank	Schlange mit Unsterblichkeitstrank
Weltenbaum führt zur Göttin ins Jenseits	Weltenbaum-Göttin
Milch der Göttin	Frucht des Weltenbaumes
Lebenstrank und Weltenbaum	Apfel
Jenseitsweg und Weltenbaum	Schlange am Weltenbaum
Schlange und Lebenstrank	Schlange mit Apfel

5. Drache und Wasser	
Fruchtwasser der Göttin (Gebärmutter)	Wasserunterwelt
Wasserunterwelt	Wasserschlange
Wasserunterwelt und Ackerbau	Wolken-, Wind-, Wasser-, Regendrache; Regenbogenschlange

6. Drache und Jenseitsweg

Jenseitsweg zum Himmel	Regenbogenschlange
Jenseitsweg	Labyrinthe
Jenseitsreise	Schlangenwächter an den Jenseitstoren
Jenseitsreise-Kenntnisprüfung	Rätsel
Jenseitsreise	Weg der Sonne in der Nacht
Drachen/Jenseitsreise	Drachenboote

7. Drache und Unverwundbarkeit

Wiedergeburt	Urzustand, Traumzeit, Unsterblichkeit
Unsterblichkeit	Unverwundbarkeit

8. Drachenflügel

Seelenvogel	Adlerflügel des Drachen
Seelenvogel	Vogelsprache des Drachen
Seelenvogel	Hahnenkopf des Basilisken
Schlange, Seelenvogel	Quetzalcoatl (Federschlange)
Schlange, Seelenvogel, Weltenbaum	Hermesstab (Stab/Schlangen/ Flügelsonne)

9. Drache und Feuer	
Lebenskraft	Feuer
Lebenskraft	Lebensfeuer
Lebensfeuer	Feuerkreis
Lebensfeuer und Drache	feuerspeiende Drachen
Lebenskraft	Hellsehen

10. weitere Drachensymboliken	
Schlange, Schamanen-Krafttier (Großraubtier)	Löwenpranken des Drachen
Muttergöttin, Lebenskraft, Ackerbau	Fruchtbarkeit
Fruchtbarkeit	Schlange und Getreide
Fruchtbarkeit	Hirschgeweih (Hirsche sind Herdentiere)
Kannibalismus	Zerstückelung

7. Der Drache am Weltenbaum – der Weg ins Jenseits

Der Ort, an dem die Schlange oder der Drache den Schatz bewacht, ist ein besonderer Ort: Der Schatz liegt am Fuße des Weltenbaumes.

Im Alten Testament ist es der Baum der Erkenntnis, auf dem die Schlange wohnt und die Äpfel hütet und sie Eva anbietet – eine patriarchal umgedeutete Szenerie, da die Äpfel eigentlich die Gabe der Wiedergeburt bzw. des Stillens im Jenseits sind und die Schlange und der Weltenbaum der Weg zur Göttin ist.

In den griechischen Mythen wurde der Göttin Hera von der Erdgöttin Gaia ein Apfelbaum geschenkt, der im Garten der Hesperiden stand und von der Schlange Ladon bewacht wurde.

Bei den Germanen ist dies Motiv in mehrere Teile zerfallen: Zum einen wohnt die Schlange Nidhöggr unter der Weltesche Yggdrasil und zum anderen verteilt die Göttin Idun die Äpfel von ihrem Baum an die Götter, um ihnen ihre Unsterblichkeit zu verleihen.

Bei den Griechen finden sich Schlange und Weltenbaum auch in dem Caduceus, dem Hermesstab des Götterboten, der aus einem Stab (Weltenbaum) besteht, an dem sich zwei Schlangen zu einer Flügelsonne (Sonnengott/Seelenvogel) emporringeln.

Einen ähnlichen Stab mit nur einer Schlange hält der Arztgott Äskulap (Asklepios) in der Hand, der alle Krankheiten heilen und mithilfe des Blutes der Gorgo Medusa sogar Tote zum Leben erwecken konnte. Äskulap hat deutlich schamanische Charakterzüge, da er nach seiner Geburt in der Wildnis ausgesetzt wurde, was ein Symbol für die Jenseitsreise ist wie z.B. auch Moses Ausgesetztwerden in den Sümpfen des Nildeltas.

Die Schlange als Symbol der Lebenskraft und des Jenseitsweges ist offenbar die wichtigste Gehilfin des Äskulap. Auch das Blut der Medusa, mit dem Äskulap Tote zum Leben erwecken konnte, enthält die Kraft der Schlange, da die Medusa Schlangenhaar hatte. Das Erwecken vom Tod ist ebenfalls eine weiterentwickelte schamanische Symbolik, da es die Aufgabe des Schamanen war, die Seelen der Verstorbenen zu ihren Nachkommen zurückzuholen.

Dieser Stab des Äskulap und auch der Hermesstab, die beide den Weltenbaum darstellen, findet sich auch bei den germanischen und keltischen Priesterinnen (Wala bzw. Weleda), deren Namen beide „Stabträgerin" bedeuten. Dieser Stab als Symbol des Weltenbaumes, der bis in die späte Altsteinzeit zurückreicht, wie die Abbildung eines (Seelen-) Vogels auf einer Stange zeigt, ist der Ursprung aller Szepter und Zauberstäbe, wodurch die betreffenden Priester, Könige und Zauberer ihre Verbindung zum Himmel und somit zu dem Segen der Götter erhalten. Zu diesen Stäben zählt auch der eiserne Schlangenstab des Moses.

Da der Seelenvogel eng mit dem Weltenbaum, der ja der Weg ins Jenseits ist, verknüpft war, verband sich die Schlange auch mit dem Seelenvogel, wodurch u.a. der Hermesstab mit der geflügelten Sonne, die geflügelten Drachen und in Mittelamerika die Federschlange Quetzalcoatl entstanden.

Der Weltenbaum führte von der Erde an den Himmel. Da in der Jungsteinzeit die Sonne und allgemein der Himmel genau beobachtet wurden, um die Jahreszeit für den günstigsten Aussaattermin bestimmen und den Beginn der Überschwemmungen vorhersagen zu können, fielen schon bald die sieben mit bloßem Auge erkennbaren „Wandelsterne" Mond, Merkur, Venus, Sonne, Mars, Jupiter und Saturn auf. Es lag nun nahe, den Weg von der Erde zum Himmel entsprechend diesen sieben Planeten zu unterteilen.

Diese Gliederung fand sich dann bald an allen Stellen wieder, an denen es um den Weg zu den Göttern ging. In Sumer und Babylonien wurden siebenstufige Pyramiden errichtet, die sich später im Mithraskult als siebenstufige Leiter wiederfanden. Die Stufen entsprachen von unten nach oben hin der Folge der Planeten entsprechend ihrer scheinbaren Umlaufzeit um die Erde: Mond, Merkur, Venus, Sonne, Mars, Jupiter und Saturn.

Auch die Leiter in „Jakobs Traum" im Alten Testament und die ägyptischen Pyramiden waren solche Himmelsleitern. Buddhas sieben Schritte zur Erleuchtung gleich nach seiner Geburt haben dieselbe Symbolik, die sozusagen ins Horizontale verlegt worden ist.

In das Innere des Menschen übertragen finden sich diese sieben Stufen als die sieben Chakren wieder, an denen die Kundalinischlange emporsteigt und dabei diese sieben Chakren erweckt. Schließlich erscheint die Schlange bzw. der Drachen selber als siebenköpfig, wobei jeder Kopf einem Planeten bzw. einem Chakra entspricht.

Am bekanntesten sind von diesen siebenköpfigen Schlangen sicher die Hydra aus der griechischen Mythologie und der siebenköpfige Drache aus der Johannesoffenbarung. Siebenköpfige Schlangen finden sich aber auch sehr häufig in hindhuistischen und buddhistischen Darstellungen z.B. von Krishna, Shiva, Vishnu, Buddha oder erleuchteten Yogis, die entweder auf einer siebenköpfigen Schlange sitzen oder hinter denen eine siebenköpfige (Kundalini-) Schlange aufsteigt und das Haupt des Gottes oder Yogis mit ihren sieben aufgespreizten Kobraköpfen beschirmt. Diese Darstellungen symbolisieren die in allen sieben Chakren erwachte Kundalini in der betreffenden Gestalt.

Manchmal finden sich auch Schlangen und Drachen mit neun, zehn oder mit tausend Köpfen. Dies ist eine Weiterentwicklung, bei denen zu den die sieben Planeten repräsentierenden Köpfen zusätzlich noch je ein Kopf für den Fixsternhimmel und Gott selber im Himmel (neun Köpfe) oder noch ein weiterer für die Erde (zehn Köpfe) hinzugerechnet wurde. „Tausend Köpfe" bedeutet schlicht soviel wie „unendlich viele Köpfe" und betont einfach die Wichtigkeit der Schlange bzw. des Drachen.

Auf der Einteilung in zehn Schritte ist unter anderem auch der kabbalistische Lebensbaum aufgebaut, den die „Schlange der Weisheit" als Kundalini und als Führerin emporsteigt.

In der folgenden Tabelle führt der Jenseitsweg von unten (Erde) nach oben (Himmel).

Der siebenstufige Weg vom Erd-Diesseits zum Himmels-Jenseits					
Planet	*Pyramide*	*Himmelsleiter*	*Lebensbaum*	*Chakra*	*Schlange*
Saturn	7. Stufe	7. Sprosse	Daath	Scheitelchakra	7. Kopf
Jupiter	6. Stufe	6. Sprosse	Chesed	Drittes Auge	6. Kopf
Mars	5. Stufe	5. Sprosse	Geburah	Halschakra	5. Kopf
Sonne	4. Stufe	4. Sprosse	Tiphareth	Herzchakra	4. Kopf
Venus	3. Stufe	3. Sprosse	Netzach	Sonnengeflecht	3. Kopf
Merkur	2. Stufe	2. Sprosse	Hod	Hara	2. Kopf
Mond	1. Stufe	1. Sprosse	Yesod	Wurzelchakra	1. Kopf

Der siebenköpfige Drache ist der Drache, der alle sieben Stufen des Weges von der Erde zum Himmel, vom Diesseits ins Jenseits kennt und der alle sieben Chakren im Menschen erwecken kann.

8. Den Drachen reiten – das klassische Feng-Shui

Wenn die Drachen und Schlangen die Lebenskraft sind und zudem eng mit der Erde verbunden sind, dann müssen sie auch die Lebenskraft in der Erde sein. Diese Lebenskraft kann man hellsichtig in Menschen und Tieren, aber auch in Bäumen, Felsen, Bächen, Bergen und Tälern als milchigweißes Leuchten oder bisweilen auch differenzierter als farbiges Schimmern wahrnehmen.

So wie die Schlangen sich durchs Gras winden und die Drachen durch die Luft fliegen, so fließt auch die Lebenskraft in der Erde. Ebenso strömt die Lebenskraft auch im menschlichen Körper. Die Hauptbewegung dieses Lebenskraftflusses ist das Aufsteigen der Kundalini-Schlange in der Mitte des Körpers. Die Chinesen haben dieses Fließen genauer betrachtet und festgestellt, daß die Lebenskraft im Menschen in bestimmten Bahnen fließt, die als Akupunkturmeridiane bekannt sind.

Von ihnen gibt es je vorne und hinten in der Mitte des Körpers einen zentralen Meridian, der dem Weltenbaum entspricht. Links und rechts davon gibt es symmetrisch je zwölf weitere Meridiane, die den zwölf Tierkreiszeichen entsprechen. Diese zwölf Tierkreiszeichen sind sozusagen die Struktur der Aura bzw. allgemein der Lebenskraft.

Solche Meridiane gibt es auch in der Erde, wo sie Drachenlinien oder Ley-Lines genannt werden. Diese Linien kann man bisweilen spüren, wenn man aufmerksam darauf achtet, wo sich eine Landschaft kraftvoll oder kraftlos anfühlt. Einzelne Punkte auf diesen Linien sind besonders kraftvoll und werden daher oft als Kraftorte bezeichnet. Sie entsprechen den Akupunkturpunkten auf den Akupunkturmeridianen. Häufig finden sich an solchen Plätzen dann alte Bauwerke wie Steinkreise, Tempel, Kirchen o.ä. Bisweilen sind diese Kraftorte auch besondere geologische Plätze wie z.B. Vulkane, die über das erstarrte Magma einen direkten Zugang zu der Lebenskraft der Erde in ihrem glühenden Inneren haben.

Die Chinesen haben vor spätestens 2.000 Jahren verschiedene Methoden entwickelt, um die Lebenkraftverhältnisse an einem Ort genauer zu erfassen: den Feng-Shui-Kompass, das Ba-Gua und das Reiten des Drachen.

Der Feng-Shui-Kompass im klassischen Feng-Shui der Chinesen ist eine runde Tafeln, auf der die Qualitäten der verschiedenen Richtungen um den untersuchten Ort herum verzeichnet sind: die Qualität des Nordens in der ferne, des Ostens in der Ferne, des Nordens in der Nähe usw.

Das neunteilige Ba-Gua ist eine Fläche von drei mal drei Feldern, die die Lebenskraftverhältnisse an einem Ort beschreibt, wobei diese Struktur nicht von der Himmelsrichtung, sondern von dem Eingang zu dem untersuchten Ort (Tor, Haustür, Eingang zu dem Tal u.ä.) abhängig ist.

Schließlich gibt auch noch eine Methode zum direkten Erfassen der Lebenskraftströme in der Erde. Diese Methode wird „den Drachen reiten" genannt.

Diese letzte Methode ist im Prinzip ganz einfach, auch wenn man, um sie anzuwenden, meist eine gewisse Hemmung überwinden muß, weil die Prozedur etwas ungewohnt ist. Zunächst stellt man sich einen weiten Kreis um den Ort, dessen Lebenskraftverhältnisse man erkennen will, vor. Dann geht man auf diesem Kreis entlang und achtet darauf, ob man eine erhöhte Lebendigkeit auf diesem Kreis spüren kann. Sobald man einen solchen Ort findet, dreht man sich zum Inneren des Kreises und geht los und überläßt sich dabei dem eigenen Gefühl. Am besten ist es, loszurennen und den eigenen Verstand vorübergehend beiseite zu lassen. Dieses intuitive Rennen auf der Lebenskraftlinie wird das „Reiten des Drachen" genannt – der Drache ist der Lebenskraftfluß in der Erde, dem man dabei folgt.

Dann verzeichnet man die gelaufene Linie entweder auf der Erde, auf der man gelaufen ist oder auf einer Karte bis hin zu dem Ort, an dem das Rennen endete – entweder an einer anderen Stelle des gedachten Kreises um den zu untersuchenden Ort herum oder innerhalb dieses Kreises. Wenn der Drachenritt in dem Kreis endete, schaut man sich auch an, welche Qualität dieser Endpunkt hat.

Dann geht man auf dem Kreis weiter bis man zu dem nächsten Ort mit erhöhter Lebendigkeit gelangt und reitet wieder den Drachen in den Kreis hinein. Auf diese Weise erhält man dann eine Reihe von Linien, die durch den Kreis hindurch oder in den Kreis hinein führen. An den Orten, wo sich zwei oder mehr dieser Linien kreuzen, spürt man dann ebenfalls der Qualität der Lebenskraft nach und verzeichnet auch die Bilder, die dabei im eigenen Inneren aufsteigen – was auch für das Reiten des Drachens gilt.

Bei der Betrachtung dieses Linienmusters wird dann der Charakter der untersuchten Kreisfläche deutlich werden: ob sie zentriert, zerfasert, polarisiert, fließend, stockend usw. ist. Aus der Kombination mit den dabei auftretenden Bildern ergibt sich dann eine Beschreibung der Lebenskraftverhältnisse an diesem Ort.

Es gibt im chinesischen Feng-Shui auch allgemeine Erfahrungswerte darüber, wie sich der Fluß der Lebenskraft bewegt, wie z.B.:

- Berge strahlen Lebenskraft aus,
- Täler sammeln Lebenskraft,
- Flüsse schicken Lebenskraft in die Richtung ihrer Außenbögen,
- stehende Gewässer mit Zufluß und Abfluß (z.B. See) sammeln Lebenskraft,
- stehende Gewässer ohne Zufluß und Abfluß (Sumpf) speichern Altes und verzerren es,
- Lange, gerade Linien bewirken einen harten Lebenskraftfluß („Laser") ...

Aus diesen Entdeckungen (nicht nur) der alten Chinesen ergibt sich, daß die Drachen nicht nur ein Bild für den Weg ins Jenseits sind wie die Schlangen und auch nicht nur ein Bild für das Aufsteigen der Lebenskraft im Körper wie die Kundalini, sondern auch ein Bild für die selbstorganisierte Struktur der Lebenskraft im Menschen, in Tieren, Pflanzen, Bergen, Seen und allgemein auf der Erde ... und daher vermutlich auch in den viel kleineren Dingen wie Molekülen, Atomen und Elektronen.

In dem Bereich winziger Größen könnte es sein, daß die Struktur des Lebenskraftkörpers mit den Formen der elektromagnetischen Felder übereinstimmt und im noch kleineren Größenbereich schließlich mit den Formen der Superstrings, durch die neuere Physik die Elementarteilchen und Energiequanten, aus der die Welt besteht, beschreibt.

9. Die Stimme des Drachens – ein Baß von 6Hz

Mit Hilfe eines EEGs kann man feststellen, daß die verschiedenen Bewußtseinsformen des Menschen verschiedene Frequenzen aufweisen. Diese Frequenzen sind
vom Tiefschlaf aus zum Erregungszustand hin jeweils die nächsthöhere Oktave des
vorigen Zustandes, d.h. die Frequenz verdoppelt sich jeweils.

Frequenzen des Bewußtseins	
Bewußtseinsform	**EEG-Frequenz**
Ekstase (Erregung wie z.B. Orgasmus)	16 – 32 Hz
Wachbewußtsein	8 – 16 Hz
Traumbewußtsein	4 – 8 Hz
Tiefschlaf	2 – 4 Hz

Die Lebenskraft wird in der Regel als Bild oder als Hitze wahrgenommen und man
kann sie zudem durch die inneren Bilder nicht nur wahrnehmen, sondern durch selber
erschaffene innere Vorstellungen auch lenken. Daher gehört die Lebenskraft zu dem
Traumbewußtsein – die Bilder in dem Traumbewußtsein sind die Bilder in dem
eigenen Lebenskraftkörper. Mit diesem Lebenskraftkörper kann man seinen materiellen Körper verlassen wie dies z.B. bei dem Beinahetod der Schamanen geschieht.
Diese Astralreise ist die direkteste Wahrnehmung des Lebenskraftkörpers.
Die Lebenskraft entspricht dem Traumzustand, also den inneren Bildern, woraus
sich ergibt, daß der Lebenskraftkörper wie der Traumzustand mit ca. 6Hz schwingt.
Diese Vibration kann man auch direkt wahrnehmen, wenn man sich entspannt. Zunächst tritt dabei Schwere auf, dann Hitze und schließlich ein sehr angenehmes Vibrieren mit ca. 6Hz. Diese Hitze ist der Grund dafür, daß die Lebenskraft manchmal
auch Lebensfeuer genannt wird und sie ist letztlich auch die Ursache dafür, daß
Drachen Feuer speien können.
Diese Frequenz findet sich auch im klassischen Gesang wieder. Wenn man sich
darin übt, einfach ganz entspannt einen Ton auf gleichbleibender Höhe zu singen,
wird dieser Ton nach und nach klangvoller werden und es wird sich schließlich ein
natürliches Vibrato einstellen, daß ca. 6 Hz hat. Am leichtesten läßt sich dieses Vibrato allerdings finden, wenn man es einmal bei jemand anderem gehört hat und von diesem Hilfe dabei erhält, es auch bei sich selber zu entdecken.
Diese 6Hz-Frequenz findet sich auch in verschiedenen Organen wie z.B. im Ohr als
Eigenschwingung.

In Tibet haben die buddhistischen Mönche einen speziellen Gesangsstil entwickelt, den sie Umtse nennen. Auch die Vorsänger selber, die auf diese Weise singen können, werden Umtse genannt. Dieser Gesangsstil hat einen derart tiefen Baß, daß man ihn eigentlich für unmöglich halten sollte. Man kann ihn sich auf verschiedenen CDs mit tibetischem Mönchsgesang einmal anhören – und auch auf einigen neueren Hard-Rock-Cds wird bisweilen in diesem Stil gesungen.

Diese Art des Gesangs bleibt fast immer auf derselben Tonhöhe und kann nur ca. einen Halbton nach oben steigen oder nach unten fallen, da dieser Baß dadurch erzeugt wird, daß man die Stimmbänder nicht anspannt wie beim normalen Sprechen und Singen, sondern sie frei und locker ohne Spannung schwingen läßt. Wenn man diesen Gesangsstil übt, sollte man dies anfangs nur sehr kurze Zeit machen, weil sonst Halsschmerzen entstehen können. Dieser Baß hat ebenfalls ca. 6Hz und wirkt daher direkt auf den Lebenskraftkörper.

Da die Drachen die Lebenskraft sind und die Lebenskraft nicht nur im Menschen, sondern vermutlich auch bei allen anderen Tieren mit 6 Hz schwingt, sollte die Stimme eines Drachen also in etwa wie der extrem tiefe Baß eines tibetischen Vorsängers klingen ...

Möglicherweise hat dieser Drachen-Baß auch noch einige Ober- und Untertöne, da die sieben Chakren mit der Frequenz der ihnen entsprechenden Bewußtseinsformen schwingen und somit zu der Farbe des schwingenden Lebenskraftkörpers beitragen.

Innerhalb des Lebenskraftkörpers haben die einzelnen Chakren eine regelmäßige Frequenz, die zum Teil höhere und zum Teil tiefere Oktaven des Traumbewußtseins haben, d.h. deren Frequenz entweder doppelt so hoch, viermal so hoch oder halb so hoch ist wie die des Traumbewußtseins, das dem Halschakra und dem Sonnengeflecht entspricht. Jedes dieser Chakren hat eine bestimmte Funktion innerhalb des Ganzen.

Die Chakren			
Chakra	**Bewußtsein**	**Frequenz**	**Qualität**
Scheitelchakra	Ekstase	16 – 32 Hz	Erleuchtung
Drittes Auge	Wachbewußtsein	8 – 16 Hz	wache Orientierung
Halschakra	Traumbewußtsein	4 – 8 Hz	soziale Impulse
Herzchakra	Tiefschlaf	2 – 4 Hz	Seele
Sonnengeflecht	Traumbewußtsein	4 – 8 Hz	körperliche Impulse
Hara	Wachbewußtsein	8 – 16 Hz	wacher Standpunkt
Wurzelchakra	Ekstase	16 – 32 Hz	Orgasmus

Die physikalische Chaos-Forschung hat herausgefunden, daß immer dann, wenn man eine sehr große Menge ähnlicher Teilchen einem rhythmischen Impuls aussetzt, in der Gesamtmenge der Teilchen geordnete Muster entstehen. Dies läßt sich einfach veranschaulichen, indem man z.B. eine Schüssel mit Wasser in regelmäßigen kurzen Abständen immer an derselben Stelle anklopft oder indem man einen Metalltopf oder ein Glasschale mit Wasser an der Kante mit einem Geigenbogen anstreicht. Denselben „Geigenbogen-Versuch" kann man auch mit einer waagerechten Metallplatte durchführen, auf die man feinen Sand gestreut hat.

Dieses Muster-Phänomen ist deshalb interessant, weil auch die Lebenskraft vibriert, d.h. mit 6Hz schwingt, und daher in dem Lebenskraftkörper solche regelmäßigen Muster hervorrufen sollte. Diese Muster finden sich zum einen in den Akupunkturlinien wieder und zum anderen in dem Lebenskraftkörper der Erde in dem sogenannten Gitternetz, das aus sich in etwa rechtwinklig kreuzenden Linien besteht, die einen Abstand zwischen 2m und 10m haben und somit ein Gitter bilden, das aus Feldern von 2·2m bis 10·10m bestehen und große Ähnlichkeit mit den Mustern auf der Wasseroberfläche in einer von einem Geigenbogen angestrichenen Wasserschale haben.

Auch die Superstrings der heutigen Physiker sind komplexe Schwingungsmuster – was ein erster Hinweis darauf ist, daß die Akupunkturlinien, die Gitterlinien der Erde und die Superstring-Formen eng verwandt sind.

Vermutlich geht die Verwandtschaft dieser Schwingungsstrukturen noch weiter und umfaßt auch den astrologischen Tierkreis, da sich die Zwölf als Zahl der Tierkreiszeichen auch an allen grundlegenden Stellen der Physik wiederfindet: Es gibt zwölf grundlegende Elementarteilchen (up-Quark, down-Quark, Elektron und Neutrino in je drei Größen), die einfachste Form eines Superstrings (die eines Gravitons) ist die zwölfteilige Heisenberg'sche Spinkette, und auch in den Elektronenhüllen findet sich die Zwölferstruktur wieder (allerdings weniger offensichtlich).

Es liegt daher nahe, auch die Astrologie als ein Schwingungsphänomen zu betrachten, wozu auch gut paßt, daß die astrologischen Qualitäten zwischen den einzelnen Planeten, also die Aspekte, durch deren Winkel zueinander bestimmt werden – was ja bei einem Schwingungsmuster auch so zu erwarten wäre.

Eine stehende Welle auf einer ringförmigen Saite ist physikalisch das einzige Phänomen, bei dem es scharfe Übergänge zwischen zwei Bereichen gibt. Dieses Modell paßt in gleicher Weise auf die Heisenberg'schen Spinketten als auch auf den astrologischen Tierkreis.

Die durch das Schwingen entstehenden feinen Muster im Inneren und auch an der Oberfläche auch der Lebenskraft kann man durchaus als eine moderne Beschreibung der Schuppen auf dem Leib eines Drachens ansehen.

10. Drachenfeuer – die Kundalini

Wenn die Lebenskraft in einem Menschen frei fließt und somit zu einem Drachen wird, also zu einer ungehinderten Verbindung zwischen der Quelle der Lebenskraft in der Muttergöttin und in dem Menschen, dann werden erstaunliche Dinge möglich, da dann die Dynamik des Drachen den materiellen Körper leitet – und die Naturgesetze kein Hindernis mehr sind. Wenn der Drache erwacht, werden Wunder möglich.

Je nach dem, wie man die Lebenskraft in sich lenkt oder welche Qualität der Lebenskraft man benutzt, entstehen unterschiedliche Phänomene. Die klassische Einteilung der Lebenskraft-Qualitäten ist die in die vier Elemente Feuer, Wasser, Luft und Erde. Durch die Feuerqualität der Lebenskraft entsteht Hitze, durch die Luftqualität der Lebenskraft entsteht Leichtigkeit, durch die Wasserqualität der Lebenskraft Fließen und durch die Erdqualität der Lebenskraft Fruchtbarkeit und Gedeihen.

Am häufigsten findet sich in der Magie und in den Wundern der Mystiker die Feuerqualität wie z.B. im Kundalini-Yoga oder in dem Entzünden eines feuchten Stapels Holz nur durch ein Gebet durch den alttestamentarischen Propheten Elias. Eine weit verbreitete Anwendung des Feuer-Elementes ist das Feuerlaufen, dessen älteste Erwähnung sich in den Demeter-Mythen findet und weltweit verbreitet ist. Es findet sich nicht nur bei den Yogis und Fakiren, sondern unter anderem auch bei den Druiden, in den mittelalterlichen Gottesurteilen („dafür lege ich meine Hand ins Feuer"), in der griechischen Kirche und auf Hawaii – wo die Priesterinnen barfuß über glühende Lava statt über glühende Kohlen laufen ...

Das Erdelement taucht vor allem in den Ackerbau-Zeremonien als Förderung der Fruchtbarkeit von Menschen, Tieren und Pflanzen auf.

Das Wasserelement ist abgesehen von der Grundhaltung der Bejahung und des Mitfließens mit den Ereignissen eher selten – es gibt vereinzelt Berichte über Yogis, die in der Lage sind, stundenlang unter Wasser zu bleiben. Die heutigen „Abnoe-Taucher" genannten Extremtaucher sind (ohne Magie) immerhin in der Lage, ohne technische Hilfsmittel 200m weit oder 100m tief zu tauchen oder ohne zu schwimmen 15 Minuten lang unter Wasser zu bleiben.

Das Luftelement findet sich zwar nur selten, aber dafür in zwei ausgesprochen spektakulären Fähigkeit: dem Schweben, das meist Levitation genannt wird, und in dem tibetischen Lung-Lauf. Das Schweben ist vor allem von indischen und tibetischen Yogis sowie von christlichen Heiligen („Levitation") bekannt. Der Lung-Lauf ist eine tibetische Trance-Technik, bei der die tibetischen Läufer fast schwerelos zu sein scheinen, da sie dabei z.B. ohne einzusinken über frischen Schnee laufen können.

Diese den vier Elementen entsprechenden Fähigkeiten finden sich schon um 600 v.Chr. in Buddhas Lehrrede mit dem Namen „Samannya-Phala-Sutra" dargestellt: „Der, der die höheren Kräfte beherrscht, ... geht durch Mauer, Wall und Felsgestein unbehindert hindurch wie in der freien Luft; in der Erde taucht er auf und unter wie im Wasser (Erd-Element); auf dem Wasser geht er ohne Einzubrechen wie auf der Erde (Wasser-Element) und in der Luft fliegt er kreuzbeinig dahin wie der beschwingte Vogel (Luft-Element) ..." Nur der im damaligen Indien sehr wahrscheinlich schon bekannte Feuerlauf fehlt in dieser Aufzählung.

In vielen Meditationen (am ausdrücklichsten im tibetischen Buddhismus) wird die Erweckung der Kundalini als die Grundlage für alle anderen Meditationen angesehen. In der Magie taucht die Feuerschlange als Spenderin der Lebenskraft für das anstehende Ritual auf – so begannen z.B. die Azteken und Mayas jedes Ritual damit, daß sie die Schlangengottheit anriefen und ihr opferten. Entsprechend begannen die alten Inder jede Zeremonie mit einer Anrufung des Feuergottes Agni und dem Entzünden von Opferfeuern.

Die bei diesen Methoden angerufene Feuer-Lebenskraft kommt aus der Erde – schließlich ist die Schlange und der Drache ein Tier der Erde. Daraus ergibt sich eine einfache Meditation, mit deren Hilfe man diese Lebenskraft herbeirufen kann.

> Dazu setzt man sich am besten in den Drachensitz, also mit geradem, aufrechtem Rücken und mit untergeschlagenen Beinen auf den Fersen sitzend, wobei die Schienbeine und die Fußoberseiten auf dem Boden liegen. Es geht auch mit fast jeder anderen Haltung, aber diese Haltung ist für diese Methode besonders gut geeignet – und heißt zudem auch noch „Drachensitz".
>
> In seiner Vorstellung sendet man nun einen Lichtstrahl von dem eigenen Wurzelchakra nach unten in die Erde. Zunächst ist dort Erde, dann Felsen, der allmählich wärmer wird, dann dunkelrot zu glühen beginnt und nach und nach immer heller wird: rot, orange, gelb und schließlich weiß – im Inneren der Erde ist es nicht dunkel, sondern hell, denn das Innere der Erde glüht ...
>
> Dort in der Mitte der Erde ruft man den eigenen Drachen und wartet bis er kommt – was in der Regel sehr schnell geht ... da die Plötzlichkeit und die Schnelligkeit im Charakter der Schlangen und somit auch der Drachen liegt. Zusammen mit diesem Drachen steigt man dann an dem Lichtstrahl wieder nach oben, wo der Drache den eigenen Körper erfüllt und in ihm zu strömen beginnt: in der Mitte des Körpers empor und außen wieder hinab.

Diese Drachen-Anrufung kann man zur allgemeinen Stärkung, zu Beginn einer Kundalinimeditation, als Hilfe beim Feng-Shui oder auch für viele andere magisch-spirituelle Unternehmungen nutzen. Seien Sie dabei aufmerksam auf den Drachen, spüren Sie seinen Charakter und lauschen Sie auf das, was er Ihnen möglicherweise sagt oder zeigt, gehen Sie achtsam mit dieser Lebenskraft um und nehmen Sie den Drachen vor allem ernst – ein Drache ist schließlich ein Drache.

Die Kundalinischlange und dieser Erdfeuerdrache sind letztlich dasselbe oder zumindest sehr nah verwandt: Alle Lebenskraft ist letztlich die Lebenskraft der Erde und die Lebenskraft der Erde hat wie die Erde selber insgesamt die Gestalt einer Kugel. Zum Teil hat sich diese Lebenskraft zu „Zellen" innerhalb der Aura der Erde organisiert und bildet die Lebenskraftkugeln in den Menschen, den Tieren und den Pflanzen. sowohl in der Erde als Ganzer als auch in den Kugeln der Menschen, Tiere und Pflanzen fließt die Lebenskraft in einer Konvektionsströmung fließt: innen empor und außen wieder herab.

Die individuellen Lebenskraftkugeln der Menschen, Tiere und Pflanzen bleiben auch weiterhin mit der gesamten Lebenskraft der Erde verbunden. Diese Verbindung kann man als den aus dem Erdinneren aufsteigenden Drachen erleben – die eigene Nabelschnur zu Mutter Erde.

Das Aufsteigen des Lebensfeuers im menschlichen Körper ist eine Entsprechung zu dem Aufstieg des Schamanen am Stamm des Weltenbaumes entlang hinauf ins Himmelsjenseits, zu dem Aufstieg des Königs zu der Priesterin der Muttergöttin oben auf der Stufenpyramide, zu dem Aufsteigen des Bewußtseins des jüdischen Mystikers den kabbalistischen Lebensbaum hinauf zu Gott, und es ist eine Analogie zu dem Aufsteigen des Lotus aus den tiefen Wassern an die Oberfläche des Sees ...

Die Hitze der Kundalini kann man am schnellsten und einfachsten bei Entspannungsübungen erleben. Diese Hitze ist das Lebensfeuer und auch das Feuer, das die Drachen und die ägyptische Uräusschlange in den Mythen und Legenden spucken. Auch im Christentum tritt dieses Lebensfeuer auf und verleiht magische Kräfte: die Feuerzungen, die an Pfingsten über die Apostel kamen und sie alle Sprachen sprechen und Wunder tun ließen.

Es ist sinnvoll, eine solche Kraft auch lenken zu können. Dafür ist bei den Chakren das Dritte Auge zuständig, das daher bei den meisten Kundaliniyoga-Formen als Vorbereitung erweckt wird. In der Mythologie findet sich dieser lenkende Wille als die Flügelsonne oben am Hermesstab, zu der sich die beiden Schlangen emporringeln, und als die flammende Perle, der die Drachen in China folgen oder die sie in einer ihrer Klauen halten.

Die konkreten Methoden zur Erweckung der Kundalini sind vielfältig und reichen von Entspannungsübungen bis hin zum Tantra.

Es ist hilfreich, bereits den Kontakt zu der eigenen Seele zu haben, bevor man versucht, das Drachenfeuer aufsteigen zu lassen, um bei jedem Erlebnis mit diesem Feuer immer einen sicheren Punkt zu haben, an den man sich zurückziehen kann und von dem aus man das Erlebnis betrachten und integrieren kann – aber dies ist natürlich keine Voraussetzung, um mit dem Kundaliniyoga zu beginnen. Auch die Kenntnis des eigenen Krafttieres kann unter Umständen beim Kundaliniyoga hilfreich sein, da das eigene Krafttier den Stil darstellt, in dem sich die eigene Lebenskraft bewegt.

Eine zweite gute Vorbereitung bezieht sich auf den „Kanal", in dem die Lebenskraft in der Körpermitte von unten nach oben strömt.

Setzen Sie sich für diese Vorbereitung bequem hin und stellen Sie sich einen leuchtenden Stab vor, der von Ihrem untersten bis zu Ihrem obersten Chakra reicht und dessen unterste Hälfte rot ist und der im Herzchakra in eine weiße Farbe übergeht, die bis zum Scheitel emporreicht. Dieses rote Licht wird Tummo genannt und wirkt im eigenen Inneren und ist vor allem Kraft, während das weiße Licht Bindhu genannt wird und im eigenen Äußeren wirkt und vor allem Bewußtsein ist – aber beides, rotes und weißes Licht, sind die Lebenskraft.

Wenn das rote Feuer aufsteigt, regt es schließlich das weiße Licht dazu an, herabzuströmen – das „Melken der Himmelskuh", wie das in den altindischen Upanishaden genannt wird, in denen die Himmelsgöttin die Gestalt einer Kuh hat. Das aufsteigende rote Licht ist die Integration, die innere Bewegung der Mystiker, und das niederströmende weiße Licht ist die Schöpferkraft, die innere Bewegung der Magier.

Stellen Sie sich nun vor, daß sich dieser leuchtende Stab allmählich weitet, immer weiter, immer weiter – bis er schließlich das ganze Weltall umfaßt. Stellen Sie sich dann vor, daß der Stab zu schrumpfen beginnt, immer dünner, immer dünner – bis er schließlich dünn wie ein Haar ist. Weiten Sie ihn dann wieder, lassen Sie ihn dann wieder schrumpfen usw. Bemühen Sie sich dabei, den gesamten Stab bewußt zu haben und zu sehen – im Bereich aller Chakren. Dadurch wird der Stab elastisch und die Lebenskraft im eigenen Inneren sozusagen durchgeknetet und massiert, sodaß sie beweglich wird.

Stellen Sie sich nun vor, einen gleißendweißen Punkt von der Größe eines Senfkorns von ihrem untersten Chakra her in dem leuchtenden Stab aufsteigen zu lassen. Dieser Lichtpunkt verläßt oben am Scheitel den Körper und kehrt vor dem Körper entlang zu dem untersten Chakra zurück und tritt dort wieder in den leuchtenden Stab ein. Diese Übung regt den Fluß der Lebenskraft an.

Das Anrufen des Erdfeuerdrachen ist natürlich ebenfalls eine sehr gute Unterstützung des Kundaliniyogas, das man vor jeder Meditation oder auch einfach bei Bedarf durchführen kann.

Betrachten Sie vor ihrer Meditation noch einmal, was Sie vorhaben, was Ihr Ziel ist (hier also die Erweckung der Kundalini) und stellen Sie es sich bildlich vor. Lassen Sie dann Ihr „Zielbild" zu einer kleinen, goldenen Kugel kondensieren, die in ihr Drittes Auge schwebt. Rufen Sie dann Ihren Erdfeuerdrachen – er wird dieser Kugel folgen und das Bild in ihr in Wirklichkeit umsetzen.

In Tibet sagt man, daß die Lebenskraft den Vorstellungen folgt; hierzulande sagt man in der Magie, daß die imaginierten Bilder die Realität formen.

Die flammende „Wunschperle", der die chinesischen Drachen folgen, ist die Absicht und die Vorstellung im Dritten Auge und der Drache ist die Lebenskraft, der diesen Vorstellungen folgt. Die Flammen um die Wunschperle zeigen, daß sie von Lebenskraft erfüllt ist, daß sie durch das Drachenfeuer entflammt worden ist und nun magisch wirkt.

An diese Vorbereitungen schließt sich das eigentliche Kundaliniyoga an. Setzen Sie sich im Lotussitz (Schneidersitz mit auf den Oberschenkeln liegenden Füßen) oder im Drachensitz (mit dem Po auf den Fersen) hin und achten Sie eine Weile auf ihren Atem. Atmen Sie dann saugend und schlürfend tief ein und lassen Sie dann die Luft wieder „hinausfallen". Versuchen Sie nicht, einen bestimmten Rhythmus anzustreben, sondern atmen Sie einfach so, wie es sich gut anfühlt.

Ziehen Sie nun beim Einatmen ihre Beckenbodenmuskulatur (Perinäum) zwischen Genitalien und After zusammen und spannen Sie sie so sehr an, wie Sie können. Lassen Sie diese Muskulatur, in der das Wurzelchakra seinen Sitz hat, beim Ausatmen wieder los und entspannen Sie diese Muskulatur wieder. Anfangs werden Sie möglicherweise ihren ganzen Unterleib anspannen, aber mit der Zeit werden Sie herausfinden, wo da unten welche Muskeln sitzen.

Stellen Sie sich nun beim Einatmen vor, wie Licht vom untersten Chakra zum obersten Chakra emporsteigt.

Beim Einatmen: schlürfend den Atem einsaugen, die Beckenbodenmuskulatur anspannen und das Aufsteigen des Lichtes imaginieren; beim Ausatmen: den Atem fallenlassen, die Beckenbodenmuskulatur entspannen und das aufgestiegene Licht betrachten.

Stellen Sie sich vor, ein Springbrunnen zu sein. In Ihnen steigt das Wasser als Strahl empor, entfaltet sich oben zu einer Fontäne und fällt dann rings um Sie in etwa einer Armlänge Entfernung her als Tropfen wieder hinab, um sich unter Ihnen erneut zu sammeln und als Strahl emporzusteigen.

Setzen oder stellen Sie sich dann anschließend hin – mit festem Bodenkontakt. Steigen Sie in ihrer Vorstellung durch ihr Scheitelchakra immer höher hinauf bis sie zu dem gleißendweißen Himmelslicht kommen, wo es nur noch dieses Licht gibt, das eins ist und durch keinerlei Strukturen gegliedert ist.

Lassen Sie nun dieses Licht, Gottes Segen, die Milch der Himmelskuh, den Heiligen Geist als weißen Strahl in sich hinabströmen und Sie erfüllen. Falls Sie mit der kabbalistischen Tradition vertraut sein sollten, können dafür die „Übung der Mittleren Säule" benutzen.

Die grundlegende Meditation im Kundaliniyoga ist wie die meisten wesentlichen Dinge recht unscheinbar: Setzen Sie sich bequem hin, am besten wieder im Lotussitz oder im Drachensitz. Stellen Sie sich beim Einatmen vor, wie Sie leuchtende Lebenskraft einatmen und in das unterste Chakra lenken, wo Sie einen kleinen roten Kegel imaginieren, der mit seinem Boden in der Mitte des vierblättrigen Wurzelchakras steht und mit seiner Spitze nach oben in die Mitte des leuchten Stabes hineinragt. Stellen Sie sich beim Ausatmen vor, wie dieser rote Kegel aufglüht. Dies ist die wichtigste Imagination in der tibetischen Tummo-Meditation.

Sie können die Effektivität dieser Meditation noch steigern, indem Sie in ihrer Vorstellung eine möglichst tiefes, ununterbrochenes „A" summen. Haben Sie schon einmal traditionelle tibetische Mönchsgesänge gehört? Dieser tiefe Bass, der weit unterhalb von allem liegt, was für eine menschliche Stimme normalerweise möglich ist, ist genau die Tonlage, bei der das innerlich gesungene „A" am stärksten auf das Wurzelchakra wirkt. Falls Sie in dieser Tonlage „mit der Stimme eines Drachen" singen können, ist natürlich auch das reale, äußere Singen auf diese Weise ausgesprochen hilfreich – schließlich wurde es für diesen Zweck entwickelt. Probieren Sie beim Singen einmal verschiedene Haltungen im Sitzen und Stehen aus und achten sie darauf, welcher Teil Ihres Körpers bei welcher Tonhöhe und bei welchem gesungenen Vokal mitschwingt.

Sie können die vorige Meditation nach einer Weile dadurch ergänzen, daß Sie innerlich beim Ein- und beim Ausatmen das Wort „Feuer" sprechen. Wenn Sie wollen, können Sie auch „ignis", die lateinische Übersetzung für Feuer, „teja" das Sankrit-Wort für Feuer, oder das altägyptische Wort für Feuer „sedji" benutzten. Auch das tibetische „tummo" eignet sich dafür. Wenn Sie jedoch keinen besonderen Grund für eine andere Wahl haben, wird vermutlich „Feuer" zunächst am effektivsten sein – es spricht aber nichts dagegen, ein wenig mit den verschieden Worten zu experimentieren.

Die Kundalinimeditationen können nicht nur im Sitzen, sondern auch im Liegen durchgeführt werden. Insbesondere die Imagination der Lichtkugel oder des Lichtkegels im Wurzelchakra eignet sich gut für eine Meditation im Liegen.

Sie können die Kundalinimeditation auch einfach als eine Entspanungsübung beginnen. Legen Sie sich dafür bequem hin. Setzen Sie sich evtl. einen Kopfhörer auf und hören Sie rhythmisch-melodische Musik (z.B. Santana, Blackmore's Night, Steeleye Span o.ä.). Entspannen Sie sich Körperteil für Körperteil. Lassen Sie Ihren Körper von innen her warm werden – vielleicht beginnt er auch zu vibrieren. Ruhen Sie dann mit ihrer Aufmerksamkeit in ihrem Wurzelchakra und bleiben sie mit ihrer Aufmerksamkeit dort so gut wie es geht.

Sie können dasselbe auch ohne Musik durchführen und dafür dann das Feuermantra dazunehmen. Klingt harmlos, funktioniert aber gut.

Diese Entspannungsübung läßt sich auch variieren – probieren Sie einfach verschiedene Methoden aus und schauen, sie, welche ihnen zunächst am besten liegt.

Eine weitere Variante kann mit oder ohne Musik durchgeführt werden. Entspannen Sie sich. Stellen Sie sich in ihren beiden Fußsohlen jeweils ein großes "A" vor und singen Sie innerlich dabei ein endloses „A" - probieren Sie das „A" in Ihrer Imagination in verschiedenen Tonhöhen zu singen bis Sie eine Tonhöhe gefunden haben, die sich gut und lebendig anfühlt. Wechseln Sie nach einer Weile zu einem gesungenen „E", dann zum „I", zum „O" und zum „U". Wenn Sie dann noch mögen, beginnen sie einfach wieder mit dem „A".

Diese Buchstabenmeditation ermöglicht eine sehr tiefe Entspannung. Wenn diese Entspannung eintritt, wird sich Ihr Körper zunächst einmal schwer und irgendwie weniger real und mehr wie Bewußtsein anfühlen, danach schwerer und unbeweglich werden, nach wieder einer Weile dann warm und manchmal fast heiß werden und schließlich auf eine sehr angenehme Weise zu vibrieren beginnen.

Wenn Sie für zehn Minuten in diesem Zustand sind, werden Sie sich danach so erfrischt fühlen, als ob Sie zwei Stunden geschlafen hätten!

Ab dem Zustand der Wärme dehnen Sie nun ihre Aufmerksamkeit auch auf das Wurzelchakra aus, in dem Sie nun den Vokal zusätzlich an diesem dritten Ort imaginieren, was nach kurzer Zeit Ihr Wurzelchakra aktivieren wird.

Wenn Sie die Imagination des Vokal im Wurzelchakra fortlassen und mit den zwei Vokalen in Ihren Fußsohlen fortfahren, wird wahrscheinlich ein anderer Effekt eintreten. Zunächst einmal wird das Vibrieren stärker werden.

Möglicherweise werden sie spüren, daß dieses Vibrieren ca. 6Hz hat. Nach wieder einer Weile wird dieses Schwingen des gesamten Körpers von einer tieferen Oktave von ca. 3Hz, die vom Herzchakra ausgeht, überlagert. Eine höhere Oktave mit ca. 12Hz könnten Sie in Ihrem Dritten Auge und in Ihrem Hara entdecken und schließlich eine weitere höhere Oktave von ca. 24Hz in ihrem Scheitelchakra und in ihrem Wurzelchakra.

Zu diesem Zeitpunkt treten dann auch noch andere seltsame Erlebnisse auf: Möglicherweise haben Sie plötzlich das Gefühl, eine Handbreit durch Ihr Bett nach unten zu fallen und gleich wieder in Ihre vorige Position hochzuschnellen. Oder Ihr Arm zuckt kurz nach oben und fällt sofort wieder herunter – obwohl eine Decke auf ihm liegt. Oder Ihr rechter Arm zuckt plötzlich nach links und wieder zurück, was nun ja überhaupt nicht möglich ist, da sich dort doch ihr Körper befindet ...

Bei diesen plötzlichen spontanen Bewegungen, die auch wie ein Hin- und Herschwanken wie bei hohem Seegang anfühlen können, erleben Sie, wie sich Ihr Lebenskraftkörper allmählich von Ihrem materiellen Körper löst, so wie er dies bei jedem Schlaf tut. Wenn Sie mit Ihrer Buchstabenmeditation nun noch weiter fortfahren, werden Sie schließlich bewußt mit ihrem Lebenskraftkörper Ihren materiellen Körper verlassen und können sich dann ohne Ihren materiellen Körper an jeden Ort begeben und sich dort alles anschauen. Nach einem solchen Erlebnis werden sie wissen, daß der Tod nicht das Ende ist ...

Wenn ihr Freund bzw. ihre Freundin ebenfalls Interesse an der Erweckung der Kundalini hat, ergeben sich noch einige neue Möglichkeiten. Im Grunde ist es extrem schlicht: Vereinen Sie sich miteinander, aber lassen Sie es nicht zum Orgasmus kommen – genießen Sie die Spannung, aber entladen Sie sie nicht. Dann wird die so angeregte Lebenskraft sich nach und nach den Weg nach oben suchen, weil sich die kleine Kreisbewegung der Lebenskraft im untersten Chakra zu der großen Kreisbewegung durch alle Chakren weiten wird.

Manchmal werden Sie dann in der Nacht danach feststellen, daß ihnen heiß ist oder daß Sie seltsamerweise kaum Schlaf brauchen – dies sind übliche Effekte, wenn die Kundalini zu erwachen beginnt.

Noch ein Rat: Halten Sie beim Liebesspiel einfach einmal eine Zeitlang inne, bewegen Sie sich nicht und spüren Sie einfach sich und den anderen, werden Sie sich ihrer Situation gewahr – spielen Sie mit der Lebenskraft, die man beim Sex so deutlich spürt ...

Diese Methode wird in Tibet bisweilen Yab-Yum genannt. Mit diesem

Namen wird allerdings auch der Yin-Yang-Gegensatz bezeichnet und auch die Vereinigungs-Haltung, bei der der Mann im Lotussitz ruht, und die Frau auf seinem Schoß sitzt und ihn mit ihren Beinen und Armen umfängt.

Wenn Sie ein Mann sind und ihre innere Frau schon kennen oder wenn Sie eine Frau sind und ihren inneren Mann schon kennen, können Sie dieses Liebesspiel auch einmal in ihrer Vorstellung durchführen. Sie können auch einen Gott bzw. eine Gottheit bitten, ihr Partner bzw. ihre Partnerin zu sein – natürlich sollte man zum einen diese Gottheit schon kennen und zum andern sollte man sie fragen, ob sie dies Vorhaben für eine gute Idee hält ...

Generell funktioniert die Anregung der Kundalini durch sexuelle Stimulierung auch alleine, allerdings ist die eben beschriebene Methode zu zweit deutlich effektiver. Beim Solo kommt es wieder darauf an, daß die Sexualität angeregt, aber nicht entladen wird. Im Idealfall reiten Sie möglichst lange auf dem Kamm der Welle, ohne in die Fluten zu stürzen. Man sollte diese Methode aber nicht ohne einen soliden Entschluß fassen, denn sonst ist es schwierig, oben auf der Welle „diszipliniert" zu bleiben. Und wenn Sie dann doch in die Wogen stürzen, genießen Sie es, statt sich Vorhaltungen zu machen und probieren sie dieses „Surfen" dann am nächsten Tag noch einmal.

Schließlich gibt es noch die krönende Übung. Sie sieht im Prinzip wie die Vereinigung von Mann und Frau aus, aber beide verbinden sich vorher mit einer Gottheit. Dafür sollte man natürlich schon etwas Übung mit Invokationen, also mit der Anrufung von Gottheiten und der Vereinigung und Identifizierung mit ihr haben. Wenn man das Liebesspiel ohne Orgasmus auf diese Weise spielt, strömt noch von außen noch sehr viel weitere Lebenskraft in das Liebesspiel mit hinein, was die Spannung noch deutlich verstärkt – und sowohl die Ansprüche an den festen Entschluß als auch die Effektivität dieser Meditation deutlich erhöht.

Zum Schluß noch eine recht lustvolle und den eigenen Horizont deutlich erweiternde Meditation, die zumindest am Rande auch noch zu diesem Thema gehört. Falls Sie Ihr Krafttier schon kennen, haben Sie vielleicht schon auf einer Traumreise erlebt, wie sich Ihr Krafttier mit einem anderen Tier seiner Art vereint hat.

Sie können sich in Traumreisen durchaus auch in andere Tiere verwandeln und schauen, was Sie dabei erleben. Wenn Sie und ihr Freund oder ihre Freundin Lust auf Experimente haben, können Sie auch gemeinsam eine Traumreise unternehmen, bei der Sie sich beide in dasselbe Tier verwandeln, das nicht unbedingt das Krafttier von einem von Ihnen sein muß, und sich dann in der Traumreise als Tiere miteinander vereinen.

Diese Erlebnisse können recht exotisch sein und sind auf jeden Fall sehr bereichernd – insbesondere, wenn man dabei auch der Muttergöttin der betreffenden Tierart begegnet. Die sexuellen Vereinigungen sind bei den Tieren sehr verschieden: bei den Katzen schnell und heftig, bei den Wölfen eher ausdauernd, bei Schlangen ist es ein stundenlang sich windendes Knäuel, bei den Walen ein Aufeinanderzuschwimmen und ein gemeinsames Herausheben aus dem Meer ...

Solche Erlebnisse haben auch den verschiedenen sexuellen Stellungen, die im indischen Kamasutra beschrieben werden, ihre Namen gegeben.

Die Tantra-Meditationen sind die effektivste Weise, den Fluß der Lebenskraft im Körper ins freie Fließen zu bringen. Nun hat dieses beginnende freie Fließen aber wie jeder Übergangszustand so seine Tücken. Da sich die Lebenskraft dann deutlich mehr bewegt als vorher, wird auch die eigene Magie effektiver und zwar nicht nur die bewußte, sondern auch die halbbewußte, also das Wünschen: In dieser Phase neigen alle Wünsche dazu, sich sehr viel schneller als vorher zu verwirklichen. Daher ist es zunehmend wichtig, freundlich zu sich selber zu sein und darauf zu achten, was man denkt und sich vorstellt.

Deshalb sollte man nun natürlich nicht „verkrampft positiv denken", aber man sollte darauf achten, was man denkt, sagt und sich vorstellt und dabei so freundlich wie möglich zu sich selber sein.

Glücklicherweise kommt das Fließen der Lebenskraft erst dann richtig in Gang, wenn sich die gröbsten Angst- und Suchtbilder in dem eigenen Inneren aufgelöst haben. Natürlich bringt auch dieser Vorgang erst einmal eine zusätzliche Unsicherheit mit sich, da man sich vorher ja mit diesen Ängsten und Süchten einigermaßen wohnlich in seinem Leben eingerichtet hatte.

Das Tantra führt also zunächst einmal dazu, daß man den gewohnten alten Halt verliert und gleichzeitig immer effektiver in der Telepathie, dem Vorhersehen von Ereignissen und vor allem in der spontanen Wunscherfüllung wird. Aber wenn Sie freundlich zu sich selber bleiben, werden Sie einigermaßen friedlich durch diese Phase kommen, die auch der Weg zu einer immer größeren Selbstbejahung und Fülle ist.

11. Das Erwachen des Drachens – Eulen-Yoga

Wenn die Kundalini aufgestiegen ist, fließt die Lebenskraft wieder frei im ganzen Körper. Das bedeutet, daß es zumindest fast keine Blockaden mehr gibt und somit auch keine Verdrängungen – die Inhalte der Psyche sind also komplett bewußt geworden. Dies wiederum bedeutet, daß durch das Kundaliniyoga nach und nach alle eigenen Blockaden und Verdrängungen und somit auch alle Ängste und Süchte, die diese Blockaden haben entstehen lassen, bewußt werden. Das Erwecken der Kundalini ist also auch ein heftiger psychischer Vorgang.

Wie bei einer homöopathischen Behandlung können dabei auch noch einmal die verschiedensten Krankheiten, die man bereits gehabt hat zumindest den Symptomen nach noch einmal kurz oder auch länger auftauchen, da auch diese Krankheiten oder Schmerzen ein Bestandteil der psychischen Struktur sind und in ihr eine Aufgabe erfüllen. Dabei treten in aller Regel die Krankheiten und Verhaltensweisen und Gefühle in der umgekehrten Reihenfolge auf wie in der eigenen Biographie. Dies liegt daran, daß das Bewußtwerden der eigenen Psyche von der Gegenwart zur Vergangenheit hin vor sich geht – man erinnern sich also zuerst an die oberste, neueste Schicht aus dem letzten Jahr, dann an das wichtige Ereignis von vor fünf Jahren, danach an die Krankheit vor acht Jahren, dann an die Krise von vor zwölf Jahren usw. bis zurück zu den ersten Erlebnissen in der Kindheit und evtl. auch noch weiter zurück bis zu Erlebnissen aus einem früheren Leben.

Bei dieser durch die Kundalini angeregten Bewußtwerdung der eigenen Psyche ist es daher auch nötig, zu einem sinnvollen Umgang mit den dabei auftauchenden Gefühlen und Visionen zu gelangen, damit das ganze zu einer Heilung der Psyche und nicht zu einer Zerrüttung oder gar zu einer zweiten Traumatisierung der Psyche führt.

Einen sinnvollen Ansatz dazu fand ich mit meinem Freund Jörg Wichmann ganz unerwartet auf einer Traumreise zur Eulenmutter. Diese Tiermütter sind für die betreffende Tierart das, was für uns Menschen das Urbild der Mutter bzw. die Muttergöttin ist. Dieser Ansatz läßt sich am einfachsten durch den Bericht von der Traumreise selber darstellen.

> "Gut, Harry, wir können anfangen."
> "Ich bin in einem Wald angekommen, nicht allzu dicke Eichen, einige Birken, der Boden ist leicht sumpfig, hohes Gras, anderswo Torfmoos ... da fliegt eine Eule kurz vor uns von links nach rechts vorbei."
> "Es ist gerade die erste Nachthälfte ..."
> "Es muß kurz vor Vollmond sein, er steht dort drüben West-Nord-West, es ist also kurz vor Mitternacht."
> "Die Bilder sind unsicher, fast als ob ich Anfänger wäre ... komisch ..."

"Was machen wir jetzt, Jörg? Fliegen?"

"Vielleicht etwas fragen?"

"Soll ich mal rufen, ob eine Eule kommen und mit uns sprechen mag?"

"O.k."

"Ich rufe mal innerlich in den Wald hinein – ja, dahinten sind viele Eulen, kleine und große; es entsteht eine Unruhe bei ihnen – in der Mitte sind ganz große Eulen, Uhus – eine von ihnen fliegt her zu uns ..."

"Ja, ich habe den Uhu auch schon gesehen, er hat erst hier kurz vor uns aufgebaumt, aber dann habe ich ihn nicht mehr gesehen."

"Er sitzt jetzt auf meinem rechten Arm. – Ich bekomme keine rechte Antwort von ihm, aber meine Stirn fühlt sich komisch an, als ob an ihr links und rechts etwas emporstände und als ob der Uhu mir etwas an meine Stirn senden würde. Ich habe ihn nach der Mutter der Eulen gefragt und ob wir uns in Eulen verwandeln können, aber es kommt nichts Deutliches als Antwort ..."

"Er will nicht reden, Harry. Er will, daß wir ihm folgen."

"Er fliegt da nach links, da sind Felsen und Moos ..."

"Ja, und zwischen den Felsen ist eine Quelle."

"Wir sollen davon trinken, glaube ich."

"Hmm, gut."

"Oh, das ist ja verrückt! Hast Du auch schon davon getrunken, Jörg?"

"Ja, aber ich tue mich schwer mit der Verwandlung ..."

"Ich kann Dich sehen, Du bist ein Waldkauz, eher helles Gefieder, aber das Bild ist unklar ... Ich bin etwas größer, ich weiß aber nicht, was für eine Eulenart das ist, und mein Gefieder ist etwas dunkler. Der Uhu ist aber noch viel größer als wir und auch fast schwarz. – Hmm, ich bespritze Dich mit meinem Flügel mit dem Wasser der Quelle, das hilft bei der Verwandlung."

"Ja, ich habe auch schon begonnen, mich ganz mit Wasser zu benetzen. Ich glaube, es geht jetzt."

"Gut, der Uhu ist gerade losgeflogen – folgen wir ihm. Es ist schon ungewohnt, so zu fliegen – man muß so auf rechts und links, oben und unten aufpassen – die ganzen Äste und Zweige. – Da vorne ist ein großer abgestorbener Baum mit vielen Ästen, auf dem sitzen eine Menge verschiedenster Eulen. Ich setze mich dazu in die Nähe des Uhus."

"O.k., Harry, ich bin jetzt auch da, aber das Bild ist noch immer unsicher und ich gerate immer wieder in Alltagskram hinein – komisch, wieso eigentlich?"

- - -

"Jetzt sitzen wir hier schon eine ganze Zeit herum, Jörg, und der Uhu sagt mir immer wieder, ich solle ruhig sein und warten. Eben bin ich mal zwei

Runden um den Baum geflogen und habe mich dann wieder hier hingesetzt, aber das ist wohl nicht sehr eulenmäßig gewesen. Die sitzen einfach da und warten. – Hast Du gesehen, wie sich der Uhu von innen anfühlt? Er ist wie leer, wie Bewußtsein, in dem keine Hindernisse sind. Er scheint nicht einfach ein gutes Gedächtnis zu haben wie die Elefanten, das ist noch anders ..."

"Ja, es ist ist, als würde die Zeit keine Rolle für sie spielen, als könnten sie die Zeit entlangschauen wie wir durch den Raum schauen."

"Sie sitzen und warten und das sollen wir auch tun. – Nicht so einfach ... Es passiert einfach nichts."

"Wenn man Eulen in die Augen schaut, sieht man auch diese Leere, sie sind wie unbeteiligt – ganz anders als z.B. eine Katze."

"Hast Du auch gespürt, daß sich da unten im Wald etwas bewegt, Jörg? Etwas Großes, Mächtiges, wie eine Monster-Schlange? Aber es zeigt sich nicht. Und die Eulen wissen, daß es da ist..."

"Komisch, Schlangen? Bei der Untersuchung, welche Qualitäten das neu geschaffene homöopathische Schleiereulen-Präparat hat, tauchten auch Schlangen auf – das kenne ich gar nicht aus der Mythologie ..."

"In Peru gibt es Amulette, in denen eine Eule eine Schlange im Schnabel hält ... Dieses Schlangen-Monster da unten ist wirklich unheimlich. Es fällt mir echt schwer, hier einfach ruhig sitzenzubleiben ... Oh, der Uhu meint, wir fliegen jetzt zu einem anderen Baum. Er liegt in Richtung Ost-Süd-Ost – wir fliegen also mit dem Mond hinter uns."

"O.k., ich komme mit."

"Ah, jetzt sehe ich ihn – eine große Fichte, die über die anderen Bäume emporragt."

"Ja, ich sehe sie auch. Ich setzte mich auf einen Ast in der Nähe des Stammes."

"Ich sitze weiter außen neben dem Uhu und schaue zu dem Vollmond hinüber. – Hmm, spürst Du das auch? Da ist wieder diese Schlange. Sie versucht, in dem Baum emporzusteigen, aber das würde ihn sprengen ..."

"Ich versuche nur, in der Vision zu bleiben. Das fällt mir noch immer schwer. Aber laß mich das alleine regeln. Vorhin, als Du Dich auf dem toten Baum auf meine Eulengestalt konzentriert hast, bin ich ganz herausgefallen aus der Reise."

"Ist gut. Der Uhu meint nur wieder, ich solle warten, nichts tun, einfach dasitzen und schauen. – Fällt mir nicht leicht, vor allem mit diesem Rumoren der Schlange da unten. Ich habe das Gefühl, wenn sie aufsteigt, daß ich dann explodierc, daß alle Hindernisse in meinen Chakren fortgesprengt würden, aber daß mein Bewußtsein dabei völlig ruhig bleiben würde wie das von den

Eulen. Verstehst Du das? Hast Du schon einmal von einer Verbindung der Eulen zur tibetischen Tummo-Meditation gehört? Das Bewußtsein dieser Eulen ist wie bei einer Zen-Meditation – nur das sich Zen im Vergleich zu dem Eulenbewußtsein ziemlich plump anfühlt ..."

"Diese Schlange muß wohl die Kundalini sein. Und daß ich immer wieder aus der Vision herausfalle, muß wohl daran liegen, daß ich vor irgendetwas Angst habe, was diese Kraft zutagefördern könnte."

"Jörg, der Uhu will noch einmal weiterfliegen, wieder nach Ost-Süd-Ost."

"O.k., ich versuche zu folgen."

"Dort sind Berge, ein Plateau, dahinter eine hohe Felswand, rechts und links auch Felsen, davor ein Abgrund, die Fläche ist vielleicht 10·10m groß. Die Eulen setzten sich dorthin, eher am Rand und auf Vorsprünge. Ich finde keinen Halt auf den Vorsprüngen ... O.k., ich setze mich unten an den hinteren Rand des Platzes neben den Uhu. Eigentlich ist das doch ein Platz für Adler oder nicht? Was meinst Du, Jörg?"

"Nach dem toten Baum und dem lebendigen Baum kommen nun die Felsen des klaren Bewußtseins ... das ist schon schlüssig."

"Ich glaube, da kommt etwas. Was ist das? Halb durchsichtig und nebelhaft – eine große Eule, die sich mitten auf das Plateau setzt. Das muß die Eulenmutter sein."

"Ich sehe nichts, ich kann mich wieder kaum in der Vision halten."

"Manchmal kann ich mich für die Eulenmutter öffnen, manchmal nicht – es schwankt so hin und her. Diese Art von Bewußtsein, dieses Warten und Schauen ist ziemlich ungewohnt. – Diese Eulen sind die Bewahrer der Erinnerungen – die können alles sehen, was einmal gewesen ist – wenn sie wollen – seltsam ... Mein Körper zappelt wie verrückt, Jörg, wenn ich mich auf die Eulenmutter einlasse und wenn ich ihre Stimme höre, daß heißt, ich weiß nie genau, ob es die Eulenmutter ist oder der Uhu, die zwei sind so eng miteinander verbunden. Die Schlangenkraft will meine Chakren empor und da scheint es einige Blockaden zu geben. Und der Uhu sagt, ich solle nichts tun, sondern warten und schauen, warten und schauen. Besonders in meinem Hals arbeitet diese Kraft."

"Nun sind wir schon eine ganze Weile hier und es passiert nichts neues – Dein Körper zappelt und ich falle immer wieder aus der Vision heraus. Meinst, du kommt noch was Wichtiges?"

"Hmm, ich frage mal den Uhu. – Das scheint für heute erst einmal genug zu sein. Laß uns zurückfliegen. Zu der Fichte, dann zu dem toten Baum, dann zu der Quelle und dann zu dem Startplatz im Wald. Und dann zurück. ... ... O.K. ich bin wieder hier. Du auch?"

"Moment noch, ich brauche noch ein bißchen Zeit. – O.K."

"Das war ja eine seltsame Reise. Manchmal findet man auf diesen Reisen Dinge, mit denen man gar nicht gerechnet hat. Aber die Teile passen gut zusammen und auch zu den Dingen, über die wir gerade vorher gesprochen haben. Und auch dazu, daß ich gerade über den 23. Pfad zwischen Hod und Geburah schreibe. Komisch, ich habe mich nicht einmal bei den Eulen bedankt, irgendwie sind die so anders, daß es gar nicht so einfach ist, beieinander zu bleiben."

Der Zusammenhang zwischen Eulen und Schlangen ist in der Mythologie zumindest nicht ganz unbekannt. In Südamerika gibt es häufig Darstellungen von einer Eule, die eine Schlange im Schnabel hält, was allerdings vermutlich daran liegt, daß die Eulen wie alle Raubvögel bisweilen auch Schlangen jagen.

In Europa findet sich dieser Zusammenhang vor allem bei Athene, der griechischen Göttin der Weisheit, deren Tier die Eulen sind und die auf ihrem Schild das Haupt der Gorgo trägt, deren Haare Schlangen sind – man könnte also vermuten, daß Athene die Weisheit der Eulen auch in Bezug auf die Schlangen kennt. Die Schlangen sind oft die Helfer der Athene, die für die Göttin Kinder aufziehen, Menschen beschützen oder auch Feinde wie den Laokoon töten. Die Schlangen wurden oft als Sinnbild der Weisheit und der Sehergabe der Athene angesehen. Die Eule wird oft auf dem Schild der Athene abgebildet und wurde schon um 1.500 v.Chr. in Mykene verehrt, wie eine goldene Eule zeigt. Athene selber wurde von Homer regelmäßig als „eulenäugig" bezeichnet. Er stellt auch die Götter insgesamt immer wieder als Vögel dar.

Es liegt nahe, die Göttervögel als Seelenvögel aufzufassen und daher den Zusammenhang zwischen Eule und Schlange bei Athene wie den Zusammenhang zwischen Adler und Schlange bei Odin oder den beiden Schlangen und der Flügelsonne bei Hermes zu verstehen: die Schlange als den Weg ins Jenseits und den Vogel als die Seele. Daraus würde sich dann als Qualität die Wahrnehmung der Lebenskraft und auch die Weisheit als Verallgemeinerung des Wissens um den Weg ins Jenseits ergeben.

Die Eulen in der Traumreise zeigen eine Möglichkeit, mit der erwachenden Kundalini sinnvoll umzugehen: Gleichmut, Schauen und Warten. Diese Haltung des Betrachtens, des Annehmens und der Freundlichkeit ist auch die Grundlage der Traumatherapie, durch die die heftigsten Erinnerungen geheilt werden können. Diese Haltung findet sich auch bei Buddha in seiner Empfehlung von Gleichmut und Freundlichkeit zu allen Wesen (auch zu sich selber und allen Teilen der eigenen Psyche). Bereits die alten Ägypter hatten diese Einstellung, wie sich in ihren Weisheitslehren zeigt.

Diese Methode beginnt ganz schlicht mit dem Anhalten, mit dem Ankommen im

Hier und Jetzt, mit dem Entspannen in das hinein, was gerade ist, mit dem Ja-sagen zu der Situation in dem Sinne, daß man sieht, was ist. Dies ist die Haltung des Zen und des Taoismus – und der Eulen. Die Weiterentwicklung dieses Zustandes führt dann schließlich zu dem Zustand der Gedankenstille, in dem sich das Bewußtsein nur noch selber wahrnimmt – der Zustand des reinen Gewahrseins. In den tibetischen Meditationen sind das Erwecken der Kundalini und dieses schweigende Bewußtsein die beiden Grundpfeiler.

Das Kundaliniyoga führt zu einem freien Fließen der Lebenskraft und zur Auflösung aller Erstarrungen. Dadurch wird ein Zustand erreicht, in dem es keine Hindernisse, nichts Verborgenes und keine Abgrenzungen mehr gibt. Dieser Zustand der Abgrenzungslosigkeit wird in vielen Meditationsanleitungen beschrieben. Die Vorstufe zu ihm ist der Zustand der „Durchsichtigkeit", in dem alle Dinge wahrgenommen werden – er entspricht dem Bewußtwerden aller psychischen Inhalte beim Kundaliniyoga.

Dieses freie Fließen der Lebenskraft, mit dem auch die Wahrnehmung der Lebenskraft und die Handlungsfähigkeit im Bereich der Lebenskraft verbunden ist, wird im Buddhismus Sambogakaya genannt. Die alten Ägypter nannten den normalen Lebenskraftkörper „Ka" und den dem Sambogakaya entsprechenden Lebenskraftkörper, in dem die Lebenskraft wieder frei fließt und der daher leuchtet, den „Ach". Im Christentum würde man diesen Zustand am ehesten als den paradiesischen Zustand der verstorbenen Seelen oder als den seligen Zustand bezeichnen.

Der Drache und die Schlange sind ein Symbol für den Weg zwischen Diesseits und Jenseits und somit auch für den Weg zwischen der Erdverbundenheit des untersten Chakras zur Himmelsverbundenheit des oberen Chakras. Die Schlange und der Drache ermöglichen das freie Fließen der Lebenskraft zwischen Diesseits und Jenseits, zwischen dem untersten und dem obersten Chakra, zwischen Erde und Himmel, zwischen dem begrenzten und dem unbegrenzten Bewußtsein ... und sind somit auch ein Symbol des geheilten Lebenskraftkörpers des Menschen.

Für den Weg dorthin gibt es kein allgemeines Rezept, da die Menschen verschieden sind. Es gibt verschiedene Meditationen, die man ausprobieren und erforschen kann und man kann sich auch, wenn das dem eigenen Stil entspricht, einen Lehrer suchen, der einen auf diesem Weg begleitet.

Wenn das innere Feuer zu erwachen beginnt, spürt man es zunächst als ein Glühen und ein sich-Winden wie von einer Schlange im untersten Chakra. Dann wandelt oder ergänzt sich dieses Glühen zu einem prickelnden Strahlen von „flirrender Hitze" die vom Sonnengeflecht ausgehend den ganzen Körper allmählich von unten nach oben hin einhüllt. Schließlich entsteht die dritte Form des inneren Feuers, die als ein langsames Aufsteigen eines konzentrierten Strahles von Glut in der Mitte des Körpers erlebt wird. Dieser Strahl bewegt sich mit der Geschwindigkeit einer kriechenden Schildkröte, wie es in den alten indischen Kundalini-Anleitungen so schön heißt.

Die Schlange beginnt sich zunächst im untersten Chakra zu erwärmen und zu winden, dann beginnt der Drache zu funkeln und den ganzen Körper in seine Flammen einzuhüllen und schließlich steigt er glühend in der Mitte des Körpers empor.

12. Die Drachenaura – fließende Lebenskraft

Die Form und die innere Dynamik der Drachenaura des Menschen, also der frei fließende Lebenskraft, ist nun keineswegs ein menschlicher Sonderfall in der Natur, sondern nur ein Spezialfall für die allgemeine Form, in der sich die Lebenskraft bewegt. Da die Lebenskraft den Aufbau und die Bewegungen der Materie lenkt, läßt sich diese Struktur dadurch nachweisen, daß die Materie überall diese Grundform annimmt und dann weiterentwickelt.

Diese Grundform ist die „Perle": eine Kugel, die durchbohrt ist – durch den Gang fließt die Lebenskraft durch die Mitte der Kugel von der einen Gangöffnung zu der anderen Gangöffnung und dann außen an der Kugel wieder zurück zu der Öffnung, durch die sie hineingeflossen ist.

Das Fließen der Lebenskraft durch den Gang dieser „Perle" ist beim Menschen das Aufsteigen der Kundalinischlange.

Die Konvektionsströmung in der „Perle" findet sich selbst im Allerkleinsten wieder: in dem Aufbau der Superstrings. Dies sind nach dem heutigen physikalischen Erkenntnisstand die kleinsten „Bausteine" der Materie, die genaugenommen nichts als Raumkrümmungen sind, die in etwa die Form einer schlanken Perle oder eines breiten Ringes haben, der schwingt bzw. innen durch den Hohlraum von einer Seite zur anderen „fließt" und dann außen wieder zurück zu der ursprünglichen Seite.

Auch die nächstgrößere wesentliche Einheit hat ebenfalls diese Gestalt: die Doppelhelix der DNS, die aus einer mehrfach gewundenen Spirale besteht, die auch wieder eine „Perle" bildet und sich wie eine Schlange innen von einer Öffnung durch die „Perlenröhre" zu der anderen Öffnung und dann außen wieder zurück zu der ersten Öffnung windet.

Der wiederum nächstgrößere Bereich sind die Einzeller, die ebenfalls „Perlen" sind, da sie vereinfacht gesagt Kugelform haben und durch sie hindurch eine Röhre führt, die an einem Ende die Aufgabe der Nahrungsaufnahme, in der Mitte die Aufgabe der Nahrungsverdauung und am anderen Ende die Aufgabe der Ausscheidung hat.

Diese Form findet sich auch bei den ersten komplexeren Vielzellern, die sich aus hohlkugelförmigen Zellverbänden (Volvox-Kugeln) entwickelten, die sich einstülpten („Sack") und dann einen Verdauungsschlauch durch die Kugel hindurch entwickelten und somit wieder eine „Perle" bildeten.

Diese Form wurde dann von allen Vielzellern, also Tieren, Pflanzen und Pilzen, in den verschiedensten Weisen ergänzt, aber grundsätzlich beibehalten. Besonders deutlich ist dies bei den Pflanzen, die innen im Holz das Wasser von den Wurzeln in die Zweige und Blätter aufsteigen und außen am Holz im Bast die Nährstoffe von den Blättern wieder zu den Wurzeln niederfließen lassen.

Auch in der Erde wirkt eine solche Konvektionsströmung: Die heiße Lava des

Erdinneren ist leichter als die abgekühlte Erdrinde und steigt daher allmählich zur Oberfläche empor und schiebt an diesen Stellen die Kontinente auseinander. Solche Stellen sind z.B. der mittelatlantische Rücken, der sich durch den gesamten Atlantik fast ganz vom Nordpol bis zum Südpol hinunterzieht. Die dort aufsteigende Lava, die nach und nach ein immer breiteres und höheres Gebirge bildet, das an einzelnen stellen als kleine Inseln schon 1.500m über den Meeresspiegel hinaufragt, bewirkt, daß sich Amerika und Europa/Afrika immer weiter voneinander entfernen und sich zwischen ihnen schließlich eine Inselkette bilden wird.

In der Sonne, die völlig glutflüssig ist, findet sich diese Konvektionsströmung in deutlich regelmäßigerer Form, da sich Flüssigkeiten leichter bewegen und daher schneller die sich aus rhythmischen Impulsen ergebenden Muster annehmen: Aus dem Inneren der Sonne steigt heiße Materie auf und erkaltet an der Oberfläche und sinkt dann kreisförmig um diese „Quelle" von heißer Materie wieder hinab. Da sich auf der Sonne viele Stellen finden, an denen heiße Materie aufsteigt, bildet sich auf der Oberfläche der Sonne ein wabenartiges Muster, wobei in der Mitte der Waben die heiße Materie aufsteigt und an dem Rand der Waben die kalte Materie wieder hinabsinkt.

Diese Konvektionsströmung ist nur ein Teil der inneren Dynamik dieser Kugel – egal ob es sich um die Aura eines Menschen oder um eine Galaxie handelt. Diese Struktur und Dynamik in der Lebenskraft sind sozusagen die Organe und Lebensvorgänge in einem Drachen, der ja ein Wesen ist, das es nur im Bereich der Lebenskraft gibt, bzw. der den heilen Zustand in einem Lebenskraftkörper darstellt.

Die Übereinstimmung der sich in der Lebenskraft bildenden Strukturen läßt sich gut anhand der Analogie zwischen der Entstehung einer Galaxie bzw. Sternes und der Entstehung des menschlichen Lebenskraftkörpers zeigen. Diese Struktur ist sozusagen die Anatomie des Drachen.

Zunächst befindet sich in einer Galaxie oder einem Stern sehr viel „nebelhafte" Materie, die innerhalb der Galaxie bzw. des Sternes strömt und kreist. Diese Materie besteht aus sehr feinem Staub und Gas. An manchen Stellen treffen nun zwei solcher Ströme aufeinander und beginnen aufgrund der Schwerkraft wirbelförmig um ein gemeinsames Zentrum zu kreisen. Dieses Zentrum ist die Mitte des späteren Sternes.

Bei der Zeugung eines Menschen wird ein Teil der Lebenskraft des Vaters und der Mutter frei und beginnt in einem Wirbel zu kreisen. Dieser Wirbel ist das Zentrum des Herzchakras. Diesen Wirbel kann man auf Traumreisen oder in Erinnerungen an die Zeit vor der eigenen Geburt deutlich erkennen.

In dieser mehr oder weniger kugelförmigen Wolke aus Sternenstaub wirken zwei Kräfte: Die Gravitation zieht alle Materie in das Zentrum, während die Fliehkraft, die durch die Rotation entsteht, alle Teilchen nach außen zieht. Am „Äquator" der rotierenden Kugel ist diese Fliehkraft am größten und an ihren „Polen" am kleinsten, was dazu führt, daß sich diese Kugel an den Polen immer mehr abplattet.

Die rotierende Lebenskraftkugel um die befruchtete Eizelle folgt genauderselben Dynamik und plattet sich ebenfalls ab.

Wenn zwei Teilchen miteinander kollidieren, verringert sich zumindest bei einem Teilchen die Geschwindigkeit, mit der es um das Zentrum der rotierenden Sternenstaub-Wolke kreist. Da die Fliehkraft aber von der Fluggeschwindigkeit abhängt, beginnt das langsame Teilchen nun zum Zentrum hin zu „abzustürzen". Auf diese Weise sammelt sich immer mehr Materie im Zentrum der Wolke und verdichtet sich dort nach und nach.

Auf dieselbe Weise sammelt sich auch Lebenskraft in der Mitte der Lebenskraftkugel an.

Nun hat die Sternenstaub-Wolke die klassische „UFO-Form" bekommen: ein rotierendes linsenförmiges Gebilde, das in seiner Mitte nach oben und unten eine kugelförmige Ausbeulung hat. Dies ist auch die Gestalt der meisten Galaxien, da auch sie rotierende Sternenstaub-Wolken sind – wenn auch sehr viel größere als die eines einzelnen Sternes.

Die Kugel ist das Zentrum des Herzchakras und die linsenförmige Scheibe findet sich in der klassischen Darstellung als die Blütenblätter der Chakren wieder. Auch das Rotieren der Chakren wird im Yoga immer wieder beschrieben.

Das Herzchakra hat zwölf Blütenblätter, die den zwölf Tierkreiszeichen entsprechen – die Astrologie ist somit die Wissenschaft von der Struktur dieser abgeplatteten, runden Scheibe und der Wirkung der Strukturen in ihr.

Wenn sich genügend Materie im Zentrum der Wolke angesammelt hat, entsteht durch die Schwerkraft ein fester Körper, in dessen Innerem der Druck nach und nach so sehr steigt, daß dort eine Kernfusion in Gang kommt und der Stern daher von innen her zu glühen anfängt – der Stern beginnt zu leuchten.

Dies entspricht dem Beginn der Aktivität des Herzchakras, die man auch in der Meditation als liebevolles Leuchten des Herzchakras erleben kann.

Durch das Glühen strahlt der Stern nicht nur Licht, sondern auch Materieteilchen nach außen ab, die Sonnenwind genannt werden.

Dieser Sonnenwind schiebt alle Materie in seinem Umfeld nach und nach wie ein Schneeschieber in allen Richtungen vor sich her, wodurch die sogenannte Stoßfront entsteht, die die Form eine dünnen Kugelhülle um den Stern hat, die sich immer weiter ausdehnt und von dem Stern entfernt.

Wie bei einem Schiff, daß durch einen See fährt, entsteht auch vor der Stoßfront, die durch den Sternenstaub „fährt", eine Bugwelle.

Der innere Bereich des Sonnenwindes, die Stoßfront und die Bugwelle bilden vom Herzchakra ausgehend die Aura des Menschen. Der Sonnenwind ist der innere, ganz vom Herzen geprägte Bereich, die Stoßfront ist die äußere Schutzhülle des Lebenskraftkörpers, an der Innen und außen zusammentreffen, und die Bugwelle ist die äußerste Schicht, also der Ort der Wahrnehmung.

Diese drei Schichten findet man oft sorgfältig dargestellt: Der Heiligenschein um den Kopf oder den ganzen Körper eines Heiligen oder Buddhas oder einer Gottheit. Dabei finden sich im Innenraum des „Ganzkörper-Heiligenscheines" oft Strahlen vom Herzchakra nach außen hin gezeichnet und die äußere Begrenzung dieses Innenraumes besteht fast immer aus zwei Kreisen, zwischen denen oft wie vor dem Bug eines Schiffes Wellen dargestellt werden: die Stoßfront und die Bugwelle.

In dem Stern befinden sich auch Ionen, also elektrisch geladene Atome. Wenn sich elektrische Ladungen bewegen, entsteht im rechten Winkel zur Bewegungsrichtung des Teilchens ein Magnetfeld. Bei einer Rotation wird dieses Magnetfeld des Sternes zu einem Strahl gebündelt, der an den beiden Polen, also im rechten Winkel zu der dem Äquator entsprechenden Rotation des Sternes austritt. Auf diese Weise entstehen z.B. auch der magnetische Nord- und Südpol der Erde.

Auch die als Herzchakra rotierende Lebenskraft läßt einen solchen Strahl entstehen, der an den beiden Polen des Herzchakras nach oben und nach unten hin austritt: die Sushumna. Dieser Strahl entspricht der Kundalinischlange.

Der Stern strahlt in seinem Sonnenwind nicht nur die immer geradeaus fliegenden elektrisch neutralen Teilchen, sondern auch elektrisch geladene Teilchen (Ionen) in den umliegenden Raum ab. An den Polen tritt dabei ein interessanter Effekt auf: Da die sich bewegenden Ionen auch ein Magnetfeld haben, werden sie von den Magnetstrahlen an den beiden Polen des Sternes ergriffen und in einer Kreisbahn bewegt. Zusammen mit ihrer geraden Flug-richtung ergibt sich daraus eine spiralförmige Flugbahn für die Ionen, wobei sich die Ionen mit entgegengesetzter Ladung (+/-) auch in Spiralen mit entge-gengesetzter Richtung bewegen.

Wenn man diese Bewegungen einmal auf ein Blatt Papier aufzeichnet, hat man in der Mitte das Herzchakra, aus dem nach oben und unten der gerade Strahl der Sushumna aufsteigt und neben ihnen die Bögen der beiden Spiralen, die von der Sushumna ausgehen, zu ihr zurückkehren, sie kreuzen, um dann von der anderen Seite wieder zu ihr zurückzukehren. Dies entspricht genau der klassischen Darstellung der beiden Seitenkanäle Ida und Pingala sowie der Darstellung der beiden Schlangen am Hermesstab.

So wie die beiden Ionen-Spiralen sekundär aus dem Magnetstrahl heraus entstehen, so werden auch im Yoga Ida und Pingala als Sekundärerscheinun-gen der Sushumna angesehen. Ida und Pingala enthalten das männliche und das weibliche Innenbild eines Menschen. Hier zeigt sich die Polarität der Lebenskraft (Yin-Yang, männlich-weiblich), die der „ +/-„ -Polarität der elek-tromagnetischen Kraft entspricht. In der Sushumna selber findet sich das Bild der eigenen Seele.

Die Vereinigung von Mann und Frau, die Vereinigung des eigenen inneren Männer- und Frauenbildes wird im Yoga als ein wichtiger Schritt angesehen. Dies entspricht der Vereinigung von Ida und Pingala in der Sushumna, was in der Astronomie der Vereinigung von negativen mit den positiven Ionen, die auf Spiralbahnen fliegen (Schlangen am Hermesstab), zu elektrisch neutralen Teilchen, die geradeaus fliegen (Sushumna, Stab des Hermesstabes), wieder-findet.

Wenn eine Substanz in eine andere Substanz hineinfließt, bildet sich ein pilzförmiger Strudel, was man z.B. gut an Mündungen von Bächen in einen Teich beobachten kann. Auf dieselbe Weise bilden die Ionen, die in den bei-den Magnetstrahlen von dem Stern fortfliegen, sowohl nach oben als auch nach unten hin in jeder der drei Schichten einen solchen pilzförmigen Wirbel: den ersten im Bereich des Sonnenwindes, den zweiten beim Durchfliegen der Stoßfront und den dritten beim Durchfliegen der Bugwelle.

Auch die Lebenskraft, die sich in Ida und Pingala bewegt, ruft sowohl oberhalb als auch unterhalb des Herzchakras je drei solche Wirbel hervor, die dann die sechs äußeren Chakren bilden:

Im Innenbereich sind dies das Sonnengeflecht und das Halschakra, deren Gefühlscharakter und deren ungehinderter Selbstausdruck dem Strahlen des Sonnenwindes entsprechen.

In der zweiten Schicht sind dies das Hara und das Dritte Auge, deren Verstandescharakter und Struktur dem Zusammentreffen von Innen und Außen an der Linie der Stoßfront entsprechen.

In der dritten Schicht sind dies das Wurzelchakra und das Scheitelchakra, deren Wahrnehmungs- und Kontaktcharakter der Bugwelle entsprechen, die den Umraum um den Stern berührt.

Im Inneren des Sternes steigt die durch die Kernfusion erhitzte Materie auf und strömt dann rings um den aufsteigenden Strahl anschließend erkaltet wieder nach unten hinab.

Dies ist auch die Grundbewegung innerhalb des Lebenskraftkörpers: Innen steigt die Lebenskraft als Kundalini vom Wurzelchakra zum Scheitelchakra hinauf und außen strömt sie am Rand des kugelförmigen Lebenskraftkörpers wieder zum Wurzelchakra hinab.

Um den Stern herum finden sich nun die zwölf Tierkreiszeichen, die man allerdings nicht physikalisch, sondern nur astrologisch feststellen kann.

In der Aura des Menschen finden sich die zwölf Tierkreiszeichen als die zwölf Blätter des Herzchakras und als die zwölf Akupunkturmeridiane wieder.

Diese Darstellung der Struktur und Dynamik in der Aura des Menschen beschreibt lediglich die Grundstruktur – sie enthält noch deutlich mehr Einzelheiten, die ich in meinem Buch „Der Lebenskraftkörper" ausführlich beschrieben habe.

Diese Lebenskraft-Aura kann man hellsichtig deutlich als leuchtendes Kugel oder als leuchtendes Ei wahrnehmen. In den Darstellungen von Buddha, indischen Göttern und manchmal auch christlichen oder islamischen Heilgen findet sich die Darstellung von „Ganzkörperheiligenscheinen", die eben diese leuchtende, kugelförmige Aura darstellen. Das funktionale Zentrum dieser Leuchtkugeln und auch das geometrische Zentrum dieser Lichtkreise in den Darstellungen der Gottheiten ist das Herzchakra. Der Kreis selber ist in drei Teile geteilt: In den vom Herzen her erfüllten Innenraum, an den zwei eng beieinanderliegende Kreise anschließen, deren innerer die „Stoßfront" (Abgrenzung) und deren äußerer die „Bugwelle" (Wahrnehmung) darstellen.

Auch die Drachen haben diese Struktur und innere Dynamik, da sie eben den ungehindert fließenden und schwingenden Zustand diese Lebenskraftkugeln darstellen. In den Drachen fließt die Kundalini frei von ihrem untersten Chakra bis hinauf zu ihrem Scheitel und von dort aus wieder außen an ihnen hinab bis zu ihrem Wurzelchakra. In ihnen leuchten die sieben Chakren und und die Sushumna mit Ida und Pingala neben ihnen und ihre langgestreckte Aura schützt sie und läßt sie ihre ganze Umgebung wahrnehmen ... so wie es bei dem Lebenskraftkörper eines jeden Lebewesens ist.

13. Das Herz des Drachens – die Sonne

Die Strukturen und die Bewegungen im Lebenskraftkörper gehen alle vom Herzchakra aus. Daher ist die Seele im Herzchakra auch das „Herz" des Lebenskraftkörpers und somit des Drachen. Die frei fließende Lebenskraft, die man als Drachen auffassen kann, stellt die Eigenschaften der Seele dar, sie ist der Selbstausdruck der Seele, die sich manifestierende Gestalt der Seele.

Das häufigste Symbol für diese Mitte ist die Sonne und die meisten Herzmeditationen stehen daher in der einen oder anderen Weise mit der Sonne in Zusammenhang. Die Perle, der der Drachen folgt und die Flügelsonne oben auf dem Hermesstab sind zwar auch das Dritte Auge, in dem das Wachbewußtsein ruht, aber letztlich ist diese Perle und diese Flügelsonne die eigene Mitte, die Seele, das, was sich in einem selber inkarniert hat und dann im Dritten Auge bewußt wird – das Dritte Auge ist die Fähigkeit, sich auf ein Ziel auszurichten, und dieses Ziel ist die Entfaltung des Herzchakras.

Wenn sich ein Mensch in seinem Dritten Auge auf etwas anderes als auf die eigene Mitte im Herzchakra konzentrieren und etwas anderes imaginieren würde, dann würde dieser Mensch nicht glücklich werden – und folglich (im Idealfall) nach und nach seine Ausrichtung wieder mehr auf seine eigene Mitte hin korrigieren.

Die Kundalinimeditation läßt im Herzchakra diese Mitte deutlich werden und später, wenn sie in die oberen Chakren aufsteigt, läßt sie den Meditierenden diese eigene Mitte als einen Teil des Ganzen erkennen. Beim Erreichen des Herzchakras entsteht neben dem Erlebnis der Hitze auch ein „In sich ruhen", ein Ankommen, ein innerer Frieden und eine im Außen unbegründete Freude. In diesem Zustand ist alles richtig, ist alles gut so, wie es ist, und eine Wärme und ein Lächeln erfüllt alle Dinge ... Dies entspricht dem Tiefschlafbewußtsein, der Selbstgewißheit des Herzchakras, dem Klang der eigenen Seele, die allmählich die Psyche so wie im Tiefschlaf erfüllt und sie erfrischt und lächeln und „Ja" sagen läßt.

In dieser Phase der Kundalinimeditation hilft die „Eulen-Meditation": Einfach da sitzen, sich seiner selbst gewahr sein und innerlich schweigen. Dadurch steigt die Kundalini weiter empor und man kann als nächstes erleben, daß alles im Außen ein perfektes Spiegelbild des eigenen Innen ist – und somit das größtmögliche Geschenk und die beste Förderung der eigenen Selbsterkenntnis ... das Außen ist immer der perfekte Selbstausdruck – mit allen Sonnenseiten und allen Schattenseiten der eigenen Psyche.

Wenn die Kundalini noch weiter aufsteigt, tritt irgendwann die Vision des gleißendweißen Lichtes auf, das alle Dinge erfüllt und die einzige wirkliche Realität ist. Man kann dieses Licht auch in allen Dingen imaginieren und schauen, wie sich das anfühlt und welche Wirkung dies auf die eigene Psyche hat. Diese Licht-Imagination ist eine der wichtigsten Meditationen.

Die verschiedenen Zustände und Erlebnisse verbinden sich von selber während des Aufsteigens der Kundalini, wobei das „einfach im Selbstgewahrsein dasitzen" eine große Hilfe bei diesem Aufsteigen des Drachenfeuers sein kann. In der frei fließenden Lebenskraft sind die eben beschriebenen Erlebnisse eins geworden ... der Drache singt das Sonnenlied der Seele. Die innere Fülle, das Erleben der eigenen Seele im Herzchakra, das Erleben der Entsprechung zwischen Innen und Außen, das aufsteigende Feuer, das Erlebnis des gleißendweißen Lichtes werden zu einem einzigen schlichten Erlebnis und zu einer einzigen einfachen Haltung.

Es gibt viele Methoden, die eigene Seele, also das, was sich in einem selber inkarniert hat und der Künstler ist, der den eigenen Körper als sein Kunstwerk erschaffen hat, zu finden. Eine davon ist die Reise zur eigenen Mitte. Dies ist eine imaginierte innere Reise, die nach und nach eine Eigendynamik entwickelt und in der schließlich die eigene Seele auftaucht.

Es gibt viele Formen dieser Meditation. Die im Folgenden dargestellte Version stammt von dem Golden Dawn, einem Magierorden, der von ca. 1880 bis 1925 bestand.

Diese Meditation besteht darin, daß man sich vorstellt, durch eine Wüste zu gehen und schließlich eine mittelalterlich wirkende Stadt zu erreichen. Dort wird man durch ein Stadttor eingelassen und sieht, daß es im Inneren viele Kanäle, Teiche und Bäume an den Straßen gibt. Nun geht man zur Mitte der Stadt und trifft nach einer Weile immer häufiger andere Menschen, die einen erst nicht zu bemerken scheinen, aber mit der Zeit einen offenbar wahrnehmen und bisweilen auch grüßen. Schließlich erreicht man in der Mitte der Stadt einen weißen, kreisrunden Tempel mit einem goldenen, in der Mitte zum Himmel hin offenen Kuppeldach. Dort tritt man ein, schaut sich um, und geht dann zum Zentrum des Tempels und "entflammt sich im Gebet an die eigene Seele".

Dieses "Sich mit Gebet entflammen" mag etwas altmodisch oder auch etwas fremd klingen, aber wenn man in seiner Traumreise in dem Herzchakra-Tempel steht und zu der eigenen Seele, die man möglicherweise noch überhaupt nicht kennt, zu sprechen beginnt, und sie darum bittet, einem zu erscheinen und einen zu erfüllen, und wenn man sich mit der Zeit jedesmal, wenn man in diesem Tempel ist, immer mehr Gefühl in seine innerlich gesprochenen Worte zu legen traut und sich der ganze Frust und die Enttäuschung über das eigene bisherige Leben und all die Ängste und Süchte und das schon erlebte Leid in Sehnsucht nach der eigenen innersten Wahrheit und nach einem Leben aus dem eignen Herzen heraus voller Freude und Glück zu verwandeln beginnen, dann wird man erleben, was mit "sich im Gebet entflammen" gemeint ist.

14. Der Atem des Drachens – die Lung-Läufer

Die tibetischen Lunggompas haben die Luftqualität der Lebenskraft in sich genauso stark weiterentwickelt wie sie die Feuerqualität in der Fähigkeit, sich auch in der größten Kälte in nur einem dünnen Baumwollgewand warm zu halten, weiterentwickelt haben.

„Lung" bedeutet im Tibetischen „Wind" und im übertragenden Sinne „Luftaspekt der Lebenskraft"; „gom" bedeutet „Meditation"; und „pa" ist ein Ehrentitel für einen erfolgreichen Meditierenden. Dieser titel findet sich sehr häufig als Endung eines Namens in Tibet und Nordindien: Tilopa, Naropa, Marpa, Milarepa, Tsongkapa ...

Das tibetische Wort „lung", das „Wind" bedeutet, ist mit dem chinesischen „lung" oder „long", das „Drache" bedeutet, verwandt. Diese beiden Worte sind wiederum wahrscheinlich auch mit dem deutschen Wort „Lunge" verwandt, da sich dieses Wort von dem indogermanischen Wort „lenguh" mit der Bedeutung „leicht" ableitet und somit auf eine ältere Bedeutung „Luft" zurückgehen könnte. Somit bedeutete „lung" ursprünglich vermutlich „Wind, Luft", wovon sich dann die Bedeutungen „(Wind-)Drache", „leicht" und „Lunge" abgeleitet haben.

Der bekannteste Lunggompa war sicherlich Milareapa, der tibetische Nationalheilige und ein wichtiger Yogi bei der Verbreitung des Buddhismus in Tibet. Die Lunggompas wurden manchmal auch Maheketang genannt, was „Yak-Reiter" bedeutet.

Die Lunggompas sind in der Lage, mit sehr hoher Geschwindigkeit in völlig unwegsamem Gelände zu laufen. Die Lunggompas können tagelang mehrere hundert Kilometer ohne Pause laufen. Bei diesen Läufen überqueren die Lunggompas bisweilen auch Schneefelder und scheinen fast schwerelos zu sein, da sie kaum einsinken.

Diese Lauftechnik wurde in Tibet entwickelt, um Botschaften in diesem riesigen und unwegsamen Land schnell von einem Ort zum anderen senden zu können.

Bei dieser Lauftechnik bewegen sich die Lamas in weiten Sprüngen vorwärts und richten ihren Blick fest auf einen Stern am Himmel ohne danach zu schauen, wo sie sich gerade befinden und ob Felsen auf dem Weg liegen oder Erdspalten ihren Weg kreuzen. Aus diesem Grund können sie auch in völliger Dunkelheit laufen – die Füße suchen sich intuitiv ihren Weg. Dabei dürfen sie von den Menschen, denen sie zufällig auf ihrem Lauf begegnen, in ihrer Konzentration nicht gestört werden.

Während die chinesischen Feng-Shui-Meister die Drachen reiten, um die Lebenskraft eines Ortes zu erkunden, werden die Lung-Läufer selber zu Drachen und „lassen sich vom Drachen laufen".

Das Lung-Laufen wurde mit dem Buddhismus auch nach Japan gebracht, wo es von den Mönchen am Berg Hiei bewahrt wurde. Auch diese Mönche wurden lange Zeit als Boten verwendet, da sie zwei Tage lang ohne Unterbrechung über 360km pro Tag laufen konnten – also 15km/h. Dies liegt unter der derzeitigen Geschwindigkeit des

Weltrekord-Marathonläufers von 20,4km/h, aber er lief auch nur gut zwei Stunden statt zwei Tage lang mit dieser Geschwindigkeit.

Der Lung-Lauf erforderte eine lange Vorbereitung, zu der unter anderem das Erwecken des Kundalinifeuers gehörte, das in Tibet traditionellerweise während des drei Jahre und drei Monate dauernden Rückzuges in einer kleinen Hütte durchgeführt wird, die vollkommen verschlossen und abgedunkelt ist und in die lediglich durch eine kleine Klappe einmal am Tag von anderen Mönche etwas Speise hineingereicht wird.

Die speziellere Ausbildung zum Lunggompa besteht in Atemübungen, dem Lenken des Luftaspekt der Lebenskraft und in Konzentrationsübungen, bei denen man mehrere Tage lang unverwandt seine ganze Aufmerksamkeit auf einen einzigen Punkt ausrichtet – beim Lung-Lauf selber ist dies dann in der Nacht meist ein Stern am Himmel.

Diese Meditation der vollkommenen Ausrichtung auf einen Punkt ist eine Methode, mit deren Hilfe die innere Leere und das Aufgehen in der aller Vielheit zugrundeliegenden Einheit erreicht werden sollte, die in Visionen meist als gleißendweißes Licht wahrgenommen wird.

Durch die Meditation über den Luftaspekt der Lebenskraft wird der Meditierende schließlich so leicht wie eine Feder und sinkt beim Gehen nicht mehr im Schnee ein – eine Parallele zum Laufen über Wasser.

Die zentrale Übung zum Erreichen des Lung-Laufes ist auch aus dem indischen Yoga zum Erlernen der Levitation, also des Schwebens bekannt, das u.a. als „indischer Seiltrick" bekannt ist, bei dem ein Yogi ein auf dem Boden liegendes Seil emporsteigen läßt und sich dabei an ihm festhält und mit emporsteigt. Dieses Schweben (Levitation) trat auch bei vielen christlichen Heiligen während ihrer intensiven Gebete auf. In Tibet war es vor allem wieder Milarepa, der dafür bekannt war, daß er manchmal von einem Ort zum anderen flog – als Lunggompa beherrschte er naheliegenderweise sowohl den Lung-Lauf als auch das Fliegen. Der bekannteste „schwerelose Lung-Läufer" war vermutlich Christus – der wie schwerelos über den See Genezareth ging.

Diese zentrale Übung, die im letzten Jahrhundert im Westen vor allem durch die „transzendentale Meditation" bekannter geworden ist, besteht darin, das man nach den Luftmeditationen im Lotussitz auf einem Meditationskissen sitzt und dann ohne die Zuhilfenahme der Hände immer wieder emporspringt. Damit ist allerdings kein extremes Beinmuskeltraining gemeint, sondern ein „magisches Springen".

Um diese Art des Springens besser zu verstehen, können Sie einen einfachen Versuch mit ein paar Freunden durchführen:

Für diesen Versuch legt man sich mit dem Bauch flach auf die Erde und bittet einen Freund oder eine Freundin, sich mit ihrem Bauch quer über die eigenen Waden und Füße zu legen.

Nun versucht man, diese Person mit den eigenen Beinen mit aller Kraft emporzuheben. Danach entspannt man sich einen Augenblick und stellt sich vor, daß die Person, die auf den eigenen Waden liegt, nur ein kleines, leichtes Kissen ist. Dann stellt man sich vor, wie ein Lichtstrahl von dem eigenen Scheitel bis in beide Füße hinunterreicht. Schließlich sagt man dann innerlich einfach „Hepp!" und wirft das „Kissen" auf den eigenen Waden hoch.

Gab es einen Unterschied? Anschließend tauscht man die Rollen. Man kann diesen Versuch auch mit zwei oder drei Personen, die übereinander auf den Waden des „Werfers" liegen, ausprobieren ...

Dasselbe Verfahren wird auch im Karate angewandt. Wenn man mit der Hand auf ein Brett schlägt, wird die Hand sehr wahrscheinlich ziemlich schmerzen. Dies liegt an dem Wörtchen „auf", das suggeriert, daß das Brett hart ist und man nur „auf" das Brett, aber nicht „durch" das Brett schlagen kann – das Wörtchen „auf" gibt dem Brett Kraft. Wenn man sich jedoch stattdessen vorstellt, daß das Brett nur ein Stückchen Watte ist und daß man auf eine Stelle 30cm unterhalb des Brettes schlägt und so tut, als ob das Brett gar nicht da wäre, wird sich das Brett nicht groß gegen den Schlag wehren können.

Das Emporspringen bei der Meditation zum Erlernen des Lung-Laufes bzw. des Schwebens ist eine magische Übung und kein sportliches Training. Um diesen Unterschied zu erfassen, ist es sehr ratsam, den „Hepp!"-Versuch durchzuführen, wenn man selber mit dieser Yoga-Sprung-Meditation experimentieren will.

Alexandra David-Neel beschreibt in einem ihrer Bücher eine Begegnung mit einem Lung-Läufer; diese Beschreibung ist vermutlich die bekannteste Darstellung, die es darüber gibt. David-Neel traf den „Wind-Läufer" im tibetischen Hochland, nachdem sie mit ihrer Gruppe schon zehn Tage lang keinen Menschen mehr getroffen hatte:

> „Zu dem Zeitpunkt hatte er uns fast erreicht; ich konnte sein vollkommen ruhiges und entspanntes Gesicht ganz klar erkennen, dessen weit offene Augen auf einen unsichtbares fernen Gegenstand irgendwo oben in der Luft gerichtet waren. Der Mann lief nicht. Er schien sich selber vom Boden zu erheben und dabei mit langen Sprüngen fortzubewegen. Es sah aus, als ob er die Elastizität eines Balles hätte und jedesmal wieder emporhüpfte, wenn seine Füße den Boden berührten. Seine

Schritte waren regelmäßig wie ein Pendel. Er trug die übliche klösterliche Kleidung, die aus Hemd und Toga besteht. Beides war ziemlich zerschlissen. Seine linke Hand hielt eine Falte seiner Toga und war halb unter dem Stoff verborgen. In seiner rechten Hand hielt er eine Phurba, den magischen Dolch der tibetischen Mönche. Sein rechter Arm bewegte sich ein wenig bei jedem Schritt, so als ob er sich auf einen Stock aufstützen würde – so als ob die Phurba, deren Spitze neben ihm in der Luft blieb, tatsächlich den Boden berühren würde und eine Stütze für ihn wäre. Meine Diener stiegen von ihren Reittieren ab und neigten ihre Häupter zur Erde, als der Lama an uns vorbeilief, aber der bemerkte uns ganz offensichtlich nicht."

... Drachen haben Flügel und können fliegen ... und Menschen, in denen der Drache erwacht ist und in denen die Lebenskraft frei fließt, können ebenfalls fliegen ...

15. Drachenblut – die Astralreise

Welche magischen Qualitäten hat Drachenblut? Man kann es in der Siegfriedsage nachlesen: Wenn man einen Tropfen Drachenblut in den Mund nimmt, kann man die Stimmen der Vögel verstehen, und wenn man seinen Körper mit Drachenblut einreibt, wird man unverwundbar.

Das Verstehen der Vogelsprache ist eine mythologische Weiterentwicklung der Astralreise des Schamanen bei seinem Beinahetod und anschließend bei seinen Jenseitsreisen, die symbolisch als fliegender Vogel dargestellt wird. Die Unverwundbarkeit ist eine Weiterentwicklung des Wiedergeburtthemas, das über das Gestilltwerden durch die Muttergöttin im Jenseits zu dem magischen Trank führte, der unsterblich machte. Das Drachenblut ist somit ein Symbol für die Astralreise.

Der Drache selber ist die Schlange, die den Toten bzw. den Schamanen auf dem Weg ins Jenseits führt und die dem Yogi hilft, seine Lebenskraft wieder frei fließen zu lassen. Symbolisch ist das Blut des Drachen also die frei fließende Lebenskraft im Körper des Drachen und somit auch im Körper des Menschen.

Wenn man nun durch Meditationen und Therapien die eigene Lebenskraft wieder befreit hat, fließt im eigenen Lebenskraftkörper wieder das Blut des Drachen bzw. fließt die eigene Lebenskraft wieder so frei wie in einem Drachen – und es gibt dann kein Hindernis mehr dafür, bewußt mit dem eigenen Lebenskraftkörper vorübergehend den eigenen materiellen Körper zu verlassen.

Beim Erlernen des Lunggompa oder der Levitation fliegt man schließlich mit seinem materiellen Körper, während man bei der Astralreise „nur" mit seinem Lebenskraftkörper den materiellen Körper verläßt und fliegt. Da sowohl die Drachen als auch der Lebenskraftkörper nur aus Lebenskraft bestehen, kommt die Astralreise dem fliegenden Drachen im menschlichen Erleben am nächsten.

Eine einfache Methode, eine Astralreise zu beginnen, besteht darin, während des Träumens und am besten gleich in einem Flugtraum zu erwachen und trotzdem weiterzuträumen – also eine Traumreise nicht vom Wachzustand her, sondern vom Traumzustand her zu beginnen. Die klassische Anleitung für diese Methode der Astralreise ist es, sich des abends fest vorzunehmen, im Traum die eigenen Hände anzusehen und in dem Augenblick, in dem man sieht, sich des Träumens bewußt zu werden ohne dadurch zu erwachen.

An sich ist die Astralreise nicht Exotisches – jede Nacht löst sich der Astralkörper, also der Lebenskraftkörper ein wenig von dem materiellen Körper und schwebt ein paar Handbreit über ihm. Kennen Sie das Erlebnis, eine Treppe hinunterzugehen, dabei nicht auf die Stufen zu achten und am Ende plötzlich auf den Fußboden zu treten, obwohl Sie annahmen, daß dort noch eine Stufe folgt? Dabei kann man das merkwürdige Erlebnis haben, daß der eigene Fuß für einen Augenblick im Fußboden zu versinken scheint und dann wieder hochschnellt – die eigene Annahme, daß noch eine Stufe folgt, hat Ihren Lebenskraft-Fuß sich unter den Fußboden hinab bewegen lassen ...

Waren Sie schon einmal ohnmächtig? Das kann auch eine recht seltsame Erfahrung sein. Mir ist es einmal als Jugendlicher beim Arzt nach mehreren Blutabnahmen passiert. Auf einmal begann alles zu wirbeln und diffus zu werden (ich wurde steif und fiel um, wie man mir nachher sagte) und ich hörte den Arzt und die Arzthelferin sprechen und sah auch schattenhaft das eine oder andere, aber alles war irgendwie neblig und dämmerig und ich war ziemlich desorientiert. Schließlich erwachte ich wieder.

Bei der Ohnmacht verläßt der Astralkörper aufgrund äußerer Umstände plötzlich den Körper, wobei man mehr oder weniger bewußt bleiben kann und die Szenerie einigermaßen deutlich wahrnehmen kann. Die Wahrnehmung während einer Ohnmacht ist dieselbe wie zu Beginn einer Traumreise oder am Anfang der direkten Wahrnehmung der Lebenskraft beim Hellsehen oder während einer Astralreise. Dies liegt einfach daran, daß man sich während einer Ohnmacht mit seinem Bewußtsein in seinem Lebenskraftkörper außerhalb seines materiellen Körpers befindet – daher auch die Steifheit des Körpers, dem während der Ohnmacht die Lebenskraft für seine Elastizität fehlt.

Bei Unfällen und Gefahrensituationen kann derselbe Effekt auftreten: Man befindet sich plötzlich oberhalb von sich selber und schaut auf die Szenerie hinab. Wenn die Gefahr dann vorbei ist, findet man sich dann plötzlich in seinem Körper wieder.

Dies liegt daran, daß der Lebenskraftkörper in Situationen, in der Tod nahe bevorzustehen scheint oder die aus einem anderen Grund unerträglich zu werden beginnen wie Situationen in Schützengräben, bei Foltern oder Vergewaltigungen, den Körper aufgibt und verläßt. Da sich die Seele in dem Lebenskraftkörper im Herzchakra befindet, verläßt die Identität ihr irdisches Zuhause und schaut aus der Ferne zu. Wenn man dann doch überlebt, kehrt man eben mit seinem Lebenskraftkörper in seinen materiellen Körper wieder zurück.

Typische Situationen für Astralreisen sind auch Operationen. Meine erste bewußte Astralreise hatte ich mit fünf Jahren, als ich die Mandeln und Polypen herausoperiert bekommen habe und die ganze Operation von oben her verfolgt habe. Betäubungen sind künstliche Ohnmachten. solche Erlebnisse waren recht häufig, als man noch mit Chloroform betäubte.

Menschen mit Nahtoderlebnissen berichten immer wieder, daß sie über sich schwebten und dann nach einer Weile in Richtung Jenseitsfluß davon flogen und dort ihren Ahnen begegneten. In diesen Fällen hat sich der Astralkörper schon ziemlich weit vom materiellen Körper entfernt. Diese Erfahrung ist das Grunderlebnis aller Schamanen.

Eine einfache Übung für das Astralreisen besteht darin, mithilfe einer Traumreise an einen anderen Ort zu reisen, ihn genau anzusehen und anschließend mit seinem materiellen Körper dorthin zu gehen und die eigenen Wahrnehmungen zu überprüfen. Bei häufiger Wiederholung dieses Versuches kann die Telepathie während der Traumreise allmählich in eine Astralreise übergehen. Bei der Telepathie sendet man sozusagen nur einen Fühler des eigenen Lebenskraftkörpers aus, während man sich bei der Astralreise mit dem ganzen Lebenskraftkörper auf den Weg macht. Dieser allmähliche Übergang ist allerdings eine Methode des Erlernens der Astralreise, die unter Umständen viel Geduld erfordert.

Auch durch Entspannungsübungen kann man zur Astralreise gelangen. Nach der Schwere tritt zunächst die Wärme auf und dann das Vibrieren des Körpers – die Hitze und das Schwingen des Kundalinidrachen. Daran schließt sich die Wahrnehmung an, daß der Körper zu zucken beginnt – obwohl er vollkommen ruhig daliegt. Dies liegt daran, daß sich einzelne Teile des Astralkörpers kurze Zeit unabhängig von dem materiellen Körper bewegen. Wenn dieses „Zucken und Zappeln" des Lebenskraftkörpers zunimmt, tritt man schließlich aus dem materiellen Körper heraus – der Drache entfaltet seine Flügel.

Wenn bei einem Menschen z.B. aufgrund mehrerer Mondquadrate in seinem Horoskop der Astralkörper recht locker sitzt, kann es auch sein, daß schon einfache Konzentrationsübungen eine Astralreise verursachen können. Schauen Sie einfach mal längere Zeit in eine Kristallkugel oder auf einen Lichtreflex und lassen Sie sich ganz in diese Wahrnehmung hineinfallen. Bei manchen Menschen reicht das schon aus, um mit dem Astralkörper auszutreten ...

Eine recht trickreiche und sehr „magische" Methode ist die Spiegelmagie. Setzen Sie sich vor einen großen Spiegel, den Sie vorher möglicherweise mithilfe ihres Erdfeuerdrachens oder einer anderen Methode mit dem Feuerelement aufgeladen haben. Betrachten sie nun Ihr Spiegelbild und stellen Sie sich vor, daß Ihr Bewußtsein in das Spiegelbild hinüberwechselt. Es ist unter Umständen nicht leicht zu entscheiden, ob Sie sich in ihrem Körper oder in Ihrem Spiegelbild, d.h. mit ihrem Lebenskraftkörper im Spiegel befinden. Wenn Sie dann in einem solchen Zweifelsfall Ihren rechten Arm erheben und Ihr Spiegelbild nicht mehr mitmacht, haben Sie's geschafft ...

Im Allgemeinen ist die Entspannung und Erstarrung des materiellen Körpers notwendig, um eine Astralreise zu beginnen, aber dies ist nicht immer so. Ich kenne z.B. einige Kinder, die erzählten, daß sie beim Spielen manchmal „ausgehen" und sich oben auf den Schrank setzen und sich beim Spielen zugucken. Eine gute Freundin von mir hat das nie verlernt und kann kann das auch heute als Erwachsene noch. Mein Sohn hat mir mit 15 Jahren erzählt, daß er während des Laufens durch die Stadt plötzlich seine erste Astralreise hatte und sich von oben her zugesehen hat.

Die nordindischen Yogis aus dem 10. und 11. Jahrhundert nach Christus und die tibetischen Lamas sind auch hier mal wieder führend in der Erforschung der Möglichkeiten, die die Astralreise bietet und haben eine „Phowa" genannte Methode entwickelt.

Bei dieser „Auferstehung durch Bewußtseinsübertragung", wie die technische Bezeichnung dieser Methode in Tibet lautet, tritt ein Yogi oder Lama, dessen sicherer Tod aufgrund einer schweren Krankheit oder eines eben erlittenen Unfalls kurz bevorsteht, mit seinem Astralkörper aus seinem todgeweihten Körper aus und begibt sich entweder in die Leiche eines eben verstorbenen Menschen oder vorübergehend, bis der Yogi einen passenden Leichnam findet, in den Körper eines Tieres. Wenn der Leichnam noch intakt ist, kann der Yogi oder Lama diesen Körper von innen her durch seine Lebenskraft heilen und dann für die Weiterführung seines bisherigen Lebens in einem neuen Körper benutzen.

Das ist dann sozusagen eine „gutartige Besessenheit", bei der niemandem geschadet wird. Dieses Phowa wird in Tibet allerdings nur noch selten ausgeübt, da es in der tibetischen Übertragungslinie dieses Yogas schon früh einen Bruch gab und die Anleitungen dazu deshalb vor allem in Nordindien, wo dieser Yoga entwickelt wurde, erhalten blieben.

Es gibt auch die verschiedensten spontanen Astralreisen, die nicht durch Unfälle und Krankheiten und auch nicht durch gezieltes Üben verursacht wurden. So habe ich z.B. meine zweite bewußte Astralreise erlebt, als ich das erste Mal eine Nacht mit einer Frau verbracht habe. Eigentlich hat in dieser „ersten Nacht" nichts funktioniert, aber ich war danach einerseits völlig erschöpft und andererseits vollkommen aufgedreht – was dazu geführt hat, daß ich einerseits eingeschlafen bin und anderseits wach geblieben bin, also bei vollem Bewußtsein eingeschlafen und mit meinem Astralkörper über meinen Körper emporgeschwebt bin.

Nun, „bei vollem Bewußtsein" ist ein bißchen übertrieben – ich war wach und bewußt und habe mich gewundert, warum die Zimmerdecke so nah vor meiner Nasenspitze war und warum rings um mich so eine komische „leuchtende Dämmerung" herrschte und habe dann erst nach und nach begriffen, daß ich mich nicht mehr in meinem Körper befinde.

Sie können sich übrigens in jedem guten Esoterik-Laden Drachenblut kaufen – dies ist allerdings das rote, zerriebene Harz vom Drachenbaum. Es ist im Zusammenhang mit Aurareinigungen sehr nützlich, um besonders angegriffene Stellen auf der Haut dadurch zu schützen, daß man ein wenig von diesem Drachenblut auf diese Stelle reibt.

16. Drachenspeise – Lebenskraft

Schlangen sind Raubtiere und werden auch selber von anderen Raubtieren gefressen – Drachen hingegen sind weder Fleischfresser noch Vegetarier und werden auch nicht von anderen Tieren gefressen, da sie die Lebenskraft selber sind – und somit einfach aus ihrer Umwelt die Lebenskraft aufnehmen, aus der sie bestehen. Daher stammen die Drachen zwar mythologisch von den Schlangen ab, haben aber aufgrund ihrer extrem friedlichen „Ernährungsweise" einen deutlich mehr in sich ruhenden Charakter entwickelt als die Schlangen.

Auch einige Yogis und christliche Heilige haben die Ernährungsform der Drachen erlernt und benötigten keine materielle Speise mehr, sondern ernährten sich direkt durch die stark vermehrte Aufnahme von Lebenskraft. Diese Methode, die heute vor allem als „Lichtnahrung" bekannt ist, wird in Indien als Pranayama bezeichnet, also als Atemübungen, durch die man die Lebenskraft in vermehrter Weise aufnimmt.

Der Versuch der Ernährung nur durch Lebenskraft wird dann richtig effektiv, wenn er mit der Erweckung der Kundalini verbunden ist, da die frei fließende Kundalini bedeutet, daß in dem Lebenskraftkörper und somit in der Psyche alle Ängste, Süchte und andere Blockaden aufgelöst worden sind, in denen in der normaler Psyche sehr viel Lebenskraft gebunden ist und auch verlorengeht. Zu der vermehrten Aufnahme von Lebenskraft durch Pranayama sollte also auch das Vermeiden des Verlustes von Lebenskraft treten, das durch das Erwecken der Kundalini erreicht werden kann.

Diese beiden kombinierten Methoden bewirken nicht nur das Ende der Notwendigkeit zu essen, sondern auch noch, daß der Schlaf überflüssig wird. Dies liegt daran, daß der Schlaf dem wieder-Ordnen der Psyche dient, also dem Stimmen des „Instrumentes des Psyche", das durch das Erleben am Tage, also durch das Spielen auf dem „Instrument Psyche", verstimmt worden ist. Wenn nun ein Yogi mithilfe der Kundalini die Ängste und Süchte in seiner Psyche aufgelöst hat und daher sein eigenes Lied weitgehend ohne falsche Töne singt, verstimmt sich auch sein „Instrument" nicht mehr, sodaß der Schlaf nicht mehr benötigt wird, um das das eigene Instrument anschließend im Schlaf wieder zu stimmen.

Das zentrale Element beim Erlernen der Fähigkeit, keine Nahrung und keinen Schlaf mehr zu benötigen, ist offensichtlich die Treue zu dem eigenen Lied, also die Bewußtheit über die eigene Mitte sowie über die Einheit hinter aller Vielheit, von der die eigene Mitte ein Teil ist. Dies entspricht der Kenntnis der eigenen Seele. Dieser Zustand, der letztlich die Vereinigung von Wachzustand und Tiefschlaf ist, wird im Yoga durch das Üben der Gedankenstille gefördert. In diesem Zustand zeigen sich in dem EEG des Meditierenden die Frequenzen des Tiefschlafes. Dieser bewußte Tiefschlaf erübrigt dann nach einer Weile den unbewußten Tiefschlaf während des normalen Schlafens.

Wenn der Drache in einem selber erwacht ist und sich ganz auf die Sonne im eigenen Herzen ausgerichtet hat, braucht er keine Nahrung und keinen Schlaf mehr ... und singt ohne Unterbrechung das Lied des eigenen Herzens ...

17. Der Drachensegen – Tanz

Der Tanz ist die älteste und einfachste Ekstasemethode (abgesehen vom Orgasmus). Ein solcher Ekstasetanz, der sich auf den Drachen bezieht, ist von der Technik her nicht besonders kompliziert, aber meistens ist ein wenig Übung sehr förderlich. Ein solcher Drachentanz hat den Zweck, sich ganz auf das Wesen und die Kraft eines Drachen auszurichten und dadurch sich mit diesen Qualitäten und der Lebenskraft des Drachen auszufüllen – in der Regel also lebendiger und spontaner zu werden, da die Lebenskraft in einem Drachen frei fließt.

Wenn Sie einen Drachentanz versuchen möchten, ist es sinnvoll, zunächst einmal Ihre Motivation für dieses Vorhaben zu betrachten. Das kann eine körperliche Stärkung, die Heilung einer Angst oder auch einfach Neugier sein – das ist alles o.k. – man sollte sich lediglich darüber klar sein, warum man was macht, damit man den Kurs halten kann.

Setzen Sie sich zu Beginn am besten im Drachensitz auf die Erde. Senden Sie wie beim Kundaliniyoga einen Lichtstrahl zum Erdmittelpunkt hinab, um von dort ihren eigenen Drachen zu rufen und lassen Sie ihn in sich kreisen: in der Mitte empor und außen rings um Sie wieder hinab und dann von neuem in Ihnen empor. Spüren Sie ihm nach – seine Bewegungen, seine Stimmung, seine Impulse ...

Gehen Sie dann mit Ihren Bewegungen mit dem Drachen mit. Vielleicht schwanken Sie zunächst leicht hin und her, oder heben langsam ihre Arme oder drehen nur ein wenig den Kopf. Tun Sie nichts, sondern lassen sie den Drachen Sie bewegen. Bleiben Sie mit ihrer Aufmerksamkeit bei dem Drachen. Forcieren Sie nichts – denken Sie an die Mühelosigkeit bei dem „Hepp!"-Versuch, bei dem Sie ohne Anstrengung einen anderen Menschen mit ihren Waden hochwerfen können.

Dieses Lauschen auf die Impulse des Drachens ist dem Improvisieren in der Musik sehr ähnlich – man gibt den inneren Impulsen spontan im Hier und Jetzt Ausdruck.

Stehen Sie nicht selber aus dem Drachensitz auf, mit dem Sie Ihren Tanz begonnen haben – warten Sie darauf, daß der Drache Sie aufsteht. Machen Sie dann nicht absichtlich große Schritte, sondern schauen Sie, wie sich ihr Körper aus dem Drachen heraus bewegen will.

Vielleicht haben Sie ihre Augen bei Ihrem Tanz offen, vielleicht aber auch geschlossen. Bewegen Sie sich dann ruhig mit geschlossenen Augen – sie werden nicht anstoßen. Vielleicht fühlen Sie sich dabei anfangs sicherer, wenn sie in einem Raum tanzen, wo nichts Zerbrechliches steht. Vielleicht haben Sie das Tanzen mit geschlossenen Augen ja auch schon einmal in der Disco probiert.

Falls Sie die Augen offen haben, ist es ratsam, wie die Lung-Läufer „ins Leere" zu blicken, da man spätestens, wenn man einem anderen Menschen in die Augen blickt, aus seiner Konzentration auf den Drachen herausfällt.

Vielleicht ist Ihnen das Tanzen mit geschlossenen Augen nicht geheuer, aber es ist nicht schwierig. So wie man intuitiv Dinge finden kann oder auch im Dunkeln im Wald, wenn man sich verirrt hat, seinem Körper sagen kann, daß man nach Hause will und dann den Impulsen des Körpers aus dem Wald hinaus folgen kann, genauso kann man auch „blind" den Impulsen des Körpers beim Tanzen folgen. Auch dies ist eine der Methoden, die die Lung-Läufer verwenden, die nicht auf ihren Weg schauen.

Versuchen Sie den Drachentanz ohne Musik und mit Musik. Ideal ist es natürlich, wenn man einen oder mehrere Freunde dabei hat, die passend zu den eignen Bewegungen Musik improvisieren.

Vielleicht bleiben ihre Bewegungen gleichförmig, vielleicht werden sie aber auch immer schneller. Hier gibt es keine Regel. Schauen Sie, wieviel Kraft Sie von dem Drachen aufnehmen können, welche „Tanzgeschwindigkeit" Sie mitmachen können, wie lange der Tanz dauern kann ... Wie bei allen solchen Dingen ist das Maß anders, als man zunächst dachte – man kann ein bißchen schneller und länger tanzen und etwas mehr Kraft aufnehmen, als man dachte. Sollten Sie stolpern oder plötzlich erschöpft sein, ist das o.k. – werden Sie dann langsamer und machen Sie weiter.

Beenden Sie den Tanz, wenn sich das richtig anfühlt. Vielleicht ist der Tanz aber auch ganz langsam geblieben und Sie schleichen wie eine Schlange durch den Raum – auch das ist völlig o.k.

Bleiben Sie wach und bewußt bei dem Tanz und schauen Sie zu, was geschieht, wie der Drache Sie ganz erfüllt. Genießen Sie seine Bewegungen und seine Kraft.

Lassen Sie sich etwas Zeit, wenn der Tanz geendet ist, und spüren Sie der Drachenkraft noch eine Weile nach. Danken Sie dem Drachen und legen Sie evtl. die Handflächen auf den Boden – das erdet gut.

Das Lauschen auf den richtigen Zeitpunkt, die richtige Bewegung, den richtigen Entschluß ist eine alte Weisheit – sie wurde von den Ägyptern Ma'at genannt, von den Sumerern Me, von den Indern Dharma, von den Navahos Ho'zhong ...

Sie können solche Tänze auch für einen bestimmten Zweck wie z.B. die Heilung eines Freundes durchführen. Machen Sie sich dann vor dem Beginn des Tanzes diesen Zweck deutlich und sprechen Sie ihn evtl. aus. Stellen Sie sich ihr Ziel bildlich vor wie z.B. das Fließen der von ihnen gerufenen Drachenkraft zu ihrem Freund. Seien Sie bei solchen Unternehmungen aber vorsichtig und zwingen Sie nichts. Stellen Sie also ihrem Freund diese Kraft bildlich zur Verfügung wie ein Geschenk, daß Sie ihm geben, und lassen Sie in ihrer Vorstellung nicht die Drachenkraft gleich in seinen Körper fließen. Er kann die Lebenskraft dann annehmen, wenn er will oder es auch lassen. Es ist immer sinnvoll und förderlich, den freien Willen der anderen und die Eigendynamik der Dinge zu achten.

Diese Art zu tanzen, findet sich in vielen archaischen Tänzen wie z.B. in allen Jagd-, Fruchtbarkeits- und Kriegstänzen. Bei diesen Tänzen beginnt der Tanz damit, daß man etwas Bestimmtes erreichen will und diesem Ziel dann zunächst durch den Tanz einen symbolischen Ausdruck gibt, der die Lebenskraft in die richtige Richtung in Bewegung setzt.

Mit dieser Art Tanz kann man auch die Qualität anderer Tiere oder auch eine Gottheiten in sich hineinrufen – man muß sich dann lediglich statt auf das Bild des Drachen als Quelle des Tanzes auf das betreffende Tier oder die Gottheit konzentrieren und aus ihr heraus tanzen.

Man tanzt in dieser Art von Tanz aus seiner Motivation und aus seinem Ziel heraus. Durch diese innere Orientierung ist der Tanz dann kein einfaches sich-Bewegen mehr und auch kein Austoben wie in der Disco, sondern man wird durch diesen Tanz mit immer mehr Kraft erfüllt – einfach deshalb, weil man dem, was man ist und was man will, Ausdruck gibt. Das eigene Herz entfaltet sich in dem eigenen Tanz und beginnt zu leuchten.

Man tanzt aus seinem Herzen heraus, von der Mitte nach außen, von der Seele aus in die Welt hinein. Diese Ausrichtung führt zu einem freien Fließen der Lebenskraft, die der eigentliche Tanz des Drachen ist. Der Drachentanz beginnt im Herzen, nimmt dann im Lebenskraftkörper und somit in der eigenen Psyche eine bildhafte Form an, die dann im Außen zunächst in der symbolisch-pantomimische Form des Tanzes Gestalt annimmt und dann schließlich in der materiellen Welt magisch das Erwünschte entstehen läßt. Dabei können noch konkrete Handlungen dazukommen, um das angestrebte Ziel zu erreichen, was aber nicht immer der Fall sein muß.

Was anderes ist Heil-sein als das ungehinderte Strahlen des Lichtes der Seele im eigenen Herzchakra durch die Psyche hindurch in den eigenen Körper und in jede einzelne Handlung?

Wenn man einmal diese Art des Tanzens erlebt hat, kann sie schnell zu einer allgemeinen Lebenseinstellung werden, da sie sich einfach richtig anfühlt. Diese Haltung findet man oft in den Anschauungen alter Kulturen oder bei Naturvölkern wieder: Man beginnt mit dem Entschluß im Herzen, formt diesen dann zu einem Wort und zu einem Bild und führt erst dann die Tat aus – wenn die Handlung im Herzen beginnt, ist sie wahr und erhält magische Unterstützung aus der ganzen Welt und wird dadurch mühelos – wie beim „Hepp!"-Versuch ...

Diese Haltung wird bisweilen „Weg der Schönheit", „Handeln in Wahrheit", „der Richtigkeit folgen" oder auch einfach „Freundschaft mit der Welt" oder „Harmonie" genannt. Das Achten auf diese Schönheit, Wahrheit, Richtigkeit und Harmonie läßt die Lebenskraft im Körper wieder ungehindert fließen – Schönheit, Wahrheit, Richtigkeit und Harmonie sind also die Eigenschaften des Drachen.

Diese Grundhaltung des „Weges der Schönheit" findet sich sehr anschaulich in einem Lied der Navaho-Indianer, das bei Heilungszeremonien gesungen wird:

I walk in beauty before me,
I walk in beauty behind me,
I walk in beauty above me,
I walk in beauty below me,
I walk in beauty all around me,
as I walk my life the beauty way,
as I walk my life the beauty way.
My thoughts will all be beautyful – Ho!
My words will all be beautyful – Ho!
My actions will all be beautyful – Ho!
As I walk my life the beauty way,
as I walk my life the beauty way.

Es gibt im Fernen Osten auch ganz reale tanzende Drachen – zumindest solche aus Bambus und Stoff oder Papier, die von eine Gruppe von Menschen getragen werden. Diese Drachen sind oft über zehn Meter lang und bestehen aus einem Bambusgerüst, das mit Stoff oder Papier überzogen ist, der mit kleinen Spiegeln u.ä. verziert ist. Der Unterkiefer des Drachen ist beweglich, sodaß er sein Maul öffnen und schließen kann.

Dieser Drache wird von einer Gruppe von Menschen an Stäben getragen, sodaß der Drache in der Regel 2-3m über der Erde „schwebt". Zu der Musik von Trommeln und Becken wird dieser Drache in langen Bögen im Rhythmus auf und ab bewegt, so daß der Drache in der Luft zu fliegen scheint.

Die Bewegungen des Drachen stellen seine Jagd nach der „Wunschperle" oder nach der „Perle der Weisheit" dar, die von einem Tänzer dem Drachen vorangetragen wird. Bei dieser tänzerischen Verfolgungsjagd wird des öfteren auch das Publikum miteinbezogen.

Solche Tänze werden in China und den angrenzenden Ländern zu Neujahr, zu taoistischen Tempelfesten, aber auch zu Geschäftseröffnungen, Hochzeiten, Beerdigungen und anderen Festen aufgeführt. Dies liegt daran, daß der Drache im Fernen Osten noch heute Macht, Würde, Erfolg, Glück, Gesundheit, Wohlstand, innere Stärke und übernatürliche Kräfte symbolisiert. Der Drache ist der ostasiatische Glücksbringer schlechthin. ... und er ist, wie seine Gestalt schon zeigt, der „König der Natur".

Die Kraft des Drachen und die Lebenskraft allgemein wird bei dem Drachentanz durch ein Feuerwerk dargestellt, das überall, wohin er kommt, entzündet wird. Auch bei den verschiedensten Kampfsportvereinen (Karate, Yudo und vor allem Kung-Fu) sind die Drachentänze sehr beliebt, da diese Kampfsportarten vor allem auf dem bewußten Umgang mit der Lebenskraft beruhen. Diese Drachentänze sind bereits aus der chinesischen Song-Dynastie (960-1279n.Chr.) gut bekannt.

Der Drache ist das Vorbild für die fließenden, mühelosen und kraftvollen Bewegungen der Kampfsportarten ... der Drache bewegt sich beim Kämpfen in den Kämpfern ... der Drache bewegt die Kämpfer ... die Kämpfer sind Drachen ...

Man kann die Herkunft der verschiedenen fernöstlichen Drachen aufgrund ihres Aussehens gut unterscheiden:

China: typischer Drache mit Schuppen am Leib und mit Haaren an Hals, Schwanz und an den Beinansätzen, breite Stirn;
Hong-Kong: groß, schwerfällig;
Singapur, Malaysia: sehr behaart, schlangenförmiger Körper;
Taiwan: keine Haare am Kopf;
Vietnam: schmale Stirn.

Auch die Farben der Drachen unterscheiden sich je nach dem Anlaß des Drachentanzes bzw. der Drachendarstellung auf einem Gemälde oder als Statue:

bunt: traditionell, am häufigsten, Freude;
grün: Hochzeit, Fruchtbarkeit;
schwarz-weiß gestreift: Trauerfeier, Beerdigung;
schwarz: aggressiv, männlich;
golden: stolz, weise;
rot: Feuerdrache;
blau: der „blaue Drache" ist ein Sternbild;
gelb: Der „Gelbe Drache" („Huang Long") ist ein Symbol und ein Beiname des chinesischen Kaisers, weil ihm alleine die Farbe Gelb als Symbol der Sonne in der Kleidung vorbehalten war. Entsprechend durften im mittelalterlichen Europa nur Kaiser und Könige Purpur tragen.

Auch die Anzahl der Zehen verrät etwas über den Drachen – zumindest bei klassischen Abbildungen aus dem Alten China:

drei Zehen plus „Daumen": normaler Drache
vier Zehen plus „Daumen": Königsdrache.

Wenn Ihnen also ein schwarzer, kahlköpfiger Drache mit vier Zehen (plus „Daumen") an jedem Bein begegnet, wurde er ihnen mit großer Sicherheit vom König von Taiwan geschickt, der gerade ziemlich wütend auf Sie ist ...

In China ist der Drache dem Osten, dem Element Holz, der Farbe grün, dem Herrscher, der Leber und der Gallenblase, den Muskeln und Sehnen, der Sehkraft sowie den Bäumen zugeordnet. Der entwickelte Drache wird als freundlich und wachstumsfördernd angesehen und man nennt ihn auch „Freund der Bäume" und „König der Natur". Der Baum, mit dem er besonders befreundet ist, wird natürlich wie bei den Schlangen der Weltenbaum sein ...

18. Der zehnköpfige Drache – die Verteufelung der Schlange

Mit dem Beginn des Königtums begannen auch die Kriege – und die Kriege erschütterten das Vertrauen in alles Sichere einschließlich des Vertrauens in die Wiedergeburt im Jenseits und in die Muttergöttin. Dadurch wurde das Jenseits zunehmend zu etwas, was man fürchtete – man vertraute immer weniger dem, was nach dem Tod kommen würde. Die Ungerechtigkeit im Diesseits führte zudem dazu, daß man zum Ausgleich ein Jenseitsgericht einführte, vor dem die Toten gerichtet wurden – was seinerseits die Furcht mit sich brachte, vor diesem Jenseitsgericht nicht zu bestehen und im Jenseits bestraft zu werden.

Während des Königtums rückte der Königsgott, der in aller Regel der Himmels- und Sonnengott war, immer weiter an die Spitze der Götter und wurde schließlich zum König der Götter und letzten Endes zum einzigen Gott. Dadurch kam es zu den vielen bekannten mythologischen Szenerien, in denen der Sonnengott die Muttergöttin unterwirft. In den seltenen harmonischen Übergängen wie z.B. in Ägypten wurde die Urmutter (Hathor/Ma'at) zu der Qualität und dem innersten Wesen des Sonnengottes; im anderen Extrem wie in Babylon wurde die Urgöttin Tiamat in Schlangengestalt von dem Himmelsgott Marduk zerstückelt.

Nur wenig besser kam in der Bibel Eva davon, die mitsamt ihrer Schlange von der Urmutter zur Ursache allen Übels umgedeutet wurde. Auch die Griechen interpretierten die Urmutter-Erdgöttin Demeter/Gaia unter ihrem Beinamen Pandora („Allesgeberin") neu und sahen nun den Schoß der Urmutter, das Füllhorn, als „die Büchse der Pandora" an, aus dem alles Leid in die Welt kam. Auch Pandora wurde wie Eva von den Göttern aus Lehm erschaffen. Das griechische Wort, das in diesem Zusammenhang meistens mit „Büchse" übersetzt wird, ist eigentlich ein großer Vorratskrug, der in Griechenland oft mit dem Bild einer Frau (Pandora als die Erdgöttin) bemalt wurde.

Der griechische Beiname der Muttergöttin „Pandora" („Allergeberin") bedeutet letztlich dasselbe wie der babylonische Name „Tiamat" („Mutter aller Dinge") und auch der altägyptische Name der Muttergöttin „Hathor" („Mutterschoß der Seelenvögel", wörtlich: „Haus des Falken").

Da die Schlange bzw. der Drache eng mit der Muttergöttin verbunden war, überstand sein ursprünglich guter Ruf nur sehr selten diesen Umbruch vom Matriarchat zum Patriarchat. In Ägypten wurde die Schlange zu Apophis, der von Re getötet wurde, in Indien tötete Indra die Urschlange Vritra und ebenso Krishna die Schlange Kaliya, bei den Griechen wird die siebenköpfige Hydra von Herakles getötet und der schlangenhaarigen Gorgo wird von Perseus der Kopf abgeschlagen, bei den Germanen tötet Siegfried den Drachen Fafnir, bei den Christen fällt der Drache dem Erzengel Michael oder dem Heiligen Georg zum Opfer und in der Johannesoffenbarung ist der Drache, der inzwischen sieben Köpfe erlangt hat, wie in der Schöpfungsgeschichte die Ursache allen Übels.

Durch die neu entstandene Furcht vor dem Jenseits und vor dem Jenseitsgericht lag es nahe, daß sich diese Furcht auch auf das Tier der inzwischen umgedeuteten, verbannten oder gar zerstückelten Muttergöttin übertrug. So wurde aus der Schlange als hilfreicher Jenseitsführerin der im Jenseits lauernde böse Drache.

Diese Dualität zog immer mehr solcher Gegensätze an sich. Zu dem gefürchteten Jenseits gesellte sich auch die Angst vor den Fremdländern, die das eigene Königreich bedrohten. Auch das alte Gegensatzpaar des Korngottes und des Wildnisgottes wurde in diese Dualität mithineingezogen, sodaß auch der Wildnisgott zu einem Teil des sich während des Königtums allmählich formierenden Bildes des Teufels mithineingezogen wurde.

Da der König die Macht und das Gesetz und somit das Gute war, war sein Gegenpol logischerweise die Ohnmacht, das Unrecht und somit das Böse. Auch der Gegensatz zwischen Bewußtsein/Wille und Körper/Triebe geriet mit in den Sog dieses Bildes, da die monotheistischen Weltanschauungen und Lehren alle das Streben nach Bewußtheit und Entscheidungsfähigkeit lehrten – und daher die Instinkte mehr oder weniger entschieden bekämpften.

Dieses Böse hatte sehr oft die Gestalt der Schlange und des Drachen und umfaßte eine ganze Reihe von abgelehnten und gefürchteten Qualitäten und Dingen: das Jenseits, die Fremdvölker, die Wildnis, das Unrecht, die Unwahrheit, den Körper, die Triebe, die Instinkte, die Lebenskraft, den Tod, das Dunkel, die Muttergöttin, die Frau, das Böse schlechthin ...

Lediglich in China und in Mittelamerika (Quetzalcoatl) konnte sich das ursprüngliche gute Bild des Drachen vollständig erhalten. Der gute Drache tauchte im Abendland lediglich in der Alchemie wieder auf. In Indien und in Ägypten blieb die gute Schlange immerhin parallel zu der bösen Schlange als Kundalini bzw. als die Göttin Thermuthis und als die Uräus-Schlange an der Stirn des Pharaos erhalten.

19. Der Hüter des Lebens – die Schlange in Grimms Märchen

In den Märchen der Gebrüder Grimm taucht die Schlange in verschiedenen Rollen auf, wobei sich hier in den Märchen als „nichtoffizieller Weltanschauung" die alte, gute Bedeutung der Schlange wesentlich besser erhalten hat als in der offiziellen, christlichen Weltanschauung.

In „Die zwei Brüder" tritt das neue Motiv des Tötens des Drachens auf, durch das die Jungfrau befreit wird.

In „Die schwarze Zither" findet sich ebenfalls das Töten eines feuerspeienden Drachens mit Fledermausflügeln und Giftzähnen und seiner sieben Jungen (= Hydra, sieben Chakren). In diesem Märchen werden die Drachen vorher durch das Spiel auf der magischen Schwarzen Zither eingeschläfert.

In „Das singende, springende Löweneckerchen" findet sich eine etwas ältere Fassung der Drachenvorstellungen, da hier eine Jungfrau in einen Drachen verwandelt worden ist und durch das Schlagen mit einer ganz besonderen frischen Rute aus ihrer Verwandlung erlöst wird. Hier erscheint die Schlange als Tier der Urmutter.

Dieselbe Entwicklungsstufe des Drachenmotivs findet sich in „Der König vom goldenen Berg": Eine Königstochter, die in eine Schlange verwandelt worden ist, erweckt einen Kaufmannssohn dreimal aus dem Tod, den er zum Erlösen des Königreiches auf sich nimmt. Die Prinzessin besitzt einen Wunschring, mit dem sie sich an jeden Ort wünschen kann. Hier erscheint die Prinzessin auch in der Rolle der Muttergöttin, die im Jenseits die Seelen wiedergebiert. Der Ring, durch den man an jeden Ort reisen kann, ist ein Symbol der Jenseitsreise. Er geht wahrscheinlich auf Odins Ring Draupnir zurück, der des öfteren im Zusammenhang mit Jenseitsreisen wie z.B. der seines Sohnes Baldur auftritt.

Ein ähnliches Motiv findet sich in „Die drei Schlangenblätter". In diesem Märchen heiratet ein Jüngling eine Prinzessin unter der Bedingung, daß sie sich beide bei dem Tod eines der beiden gemeinsam bestatten lassen. Als die Prinzessin stirbt, erscheint in ihrem Grab eine Schlange, die der Jüngling, der gemäß der Abmachung mit in ihrer Grabkammer sitzt, in drei Teile zerschlägt. Anschließend wird diese Schlange von einer zweiten Schlange mit drei Blättern geheilt. Mit diesen Blättern kann der Jüngling auch die Prinzessin zu neuem Leben erwecken. Auf einer späteren Seereise tötet die Prinzessin den Jüngling, der aber von einem Diener mit den Schlangenblättern wieder zum Leben erweckt wird. Die Prinzessin im Grab ist wieder die Muttergöttin in der Unterwelt und die Schlange ihre Begleiterin. Die drei Blätter werden wohl wie die Äpfel in den verschiedenen Mythen vom Welten- und Lebensbaum stammen. Die Seefahrt ist die Reise in die Wasserunterwelt, woraus sich ergibt, daß der Diener der Schamane ist, der hier in der weit verbreiteten Gestalt des Jenseitsfährmannes auftritt.

In dem Märchen „Die weiße Schlange" kann der Diener eines Königs durch das

Essen eines Stückes einer weißen Schlange die Sprache der Tiere verstehen und mit der Hilfe der Tiere einen Ring aus dem Meer holen, drei Säcke Hirse aus dem Gras auflesen und einen Apfel vom Baum des Lebens holen, woraufhin er die Tochter eines Königs heiraten darf. Das Verstehen der Tiersprachen geht wie bei Siegfried auf das Verstehen der Vogelsprache zurück, das seinerseits eine „Kurzform" der Verwandlung in einen (Seelen-)Vogel ist, wie sich diese z.B. noch in Odins Reise zu Gunnlöd findet, von der er den Göttermet raubt. Der Ring im Meer ist wieder das Symbol der Reise in die Wasserunterwelt, das Aufsammeln der Hirse bezieht sich möglicherweise auf die Fruchtbarkeit der Felder, und der Apfel vom Baum des Lebens auf die Wiedergeburt. Auch hier ist die Prinzessin deutlich als die Nachfolgerin der Großen Mutter zu erkennen, zu der man nach dem Tod in die Wasserunterwelt reist und dort von ihren Äpfeln essen darf, die ewiges Leben geben, und die auch den Feldern die Fruchtbarkeit gibt und die Saaten genauso keimen läßt wie sie die Toten wiedergebiert.

Schließlich gibt es noch das Märchen „Das Kind und die Schlange", in dem die Schlange anscheinend das Krafttier des Kindes ist, da das Kind stirbt, nachdem seine Mutter die Schlange, die von dem Kind gefüttert wird, tötet.

In den Märchen der Gebrüder Grimm ist die ursprüngliche Bedeutung der Schlangen und Drachen deutlich erhalten geblieben.

20. Drachenhirn – Quelle der Instinkte

Das Gehirn besteht in einer ersten Grobeinteilung aus dem Kleinhirn und dem Großhirn. Das Kleinhirn ist der ältere Teil, der allen Wirbeltieren gemeinsam ist und oft „Reptilienhirn" genannt wird, und das Großhirn ist der neuere Teil, der sich bei den Säugetieren, in verstärktem Maße bei den Primaten und vor allem bei den Menschen entwickelt hat.

Das Großhirn ist für das Denken, also für die komplexe Verarbeitung von Informationen zuständig und ermöglicht daher solche Fähigkeiten wie das Lernen, die Abstraktion oder das Vorhersehen von Ereignissen in einer bestimmten Situation.

Das Kleinhirn, von dem die Reptilien und somit auch die Schlangen vollständig gelenkt werden, da sie nur einen kleinen Ansatz zur Entwicklung eines Großhirns haben, erfüllt eine Reihe von grundlegenden Aufgaben:

1. Wahrnehmung:
   - Aufmerksamkeit
   - schnelles Erfassen von Sinneseindrücken
   - Wahrnehmung von Hunger und Durst
   - Kurzzeitgedächtnis (ein paar Minuten)

2. Reaktionen:
   - Instinkte: Überleben und Fortpflanzung
   - Entscheidungen in allen Streßsituationen
   - reflexhaftes Verhalten
   - Emotionen

3. Standardisierung:
   - assoziatives Lernen
   - Konditionierungen
   - Erlernen von Gewohnheiten und Verhaltensschemata
   - erübte Bewegungsabläufe (Sprechen, Tanzen, Klavierspielen ...)

Aus diesen Aufgaben des Kleinhirns ergibt sich die grobe Bewußtseinsstruktur, in der die Reptilien und somit auch die Schlangen leben:

   - Zunächst einmal besteht eine Wachheit für die Umgebung, die alle Eindrücke ein paar Minuten lang speichert und dadurch die eigene Situation auch in einem größerem Rahmen als dem reinen Hier und Jetzt erfassen kann. Daraus ergibt sich z.B. die Möglichkeit, ein Beutetier auch weiter verfolgen zu können, wenn es sich kurzzeitig erfolgreich versteckt hat.

- Die Reaktionen zielen alle auf das Überleben und die Fortpflanzung ab und laufen nach festen Mustern ab, die von intensiven Gefühlen angetrieben werden.

- Vor allem komplexe Bewegungsabläufe können geübt und dadurch effektiver werden. Auch einzelne, sich wiederholende Situationen können erfaßt werden, woraus in einem engen Rahmen auch ein konditioniertes Verhalten möglich wird.

Diese Direktheit und Heftigkeit im Verhalten der Schlangen findet sich ansatzweise auch in der seit dem Beginn der Epoche des Königtums entstandenen Mythologie wieder, in der die Schlangen und die bösen Drachen üblicherweise als gierig, aggressiv und feuerspeiend dargestellt werden.

Die Eigenschaften der guten Drachen und einiger Schlangengottheiten wie Weisheit oder Förderung der Fruchtbarkeit sind vom Ursprung her Eigenschaften der Muttergöttin, die von ihr auf ihr Tier, die Schlange, übertragen wurden.

Die instinkthafte Verhaltensweise der Schlangen paßt recht gut zu den Göttern der Wildnis und zu dem Herrn der Tiere wie Loki, Seth oder Pan, die alle auch etwas Unberechenbares und Triebhaftes haben und denen in der Regel jegliche „großhirnbedingte" soziale Ader fehlt.

Zumindest in Bezug auf die Heftigkeit der Gefühle und Instinkte und der Vorgehensweise entspricht diese Charakterisierung der Schlangen in der Astrologie dem Sternzeichen Skorpion – wobei es natürlich Unsinn wäre, alle Skorpiongeborenen auf ihr Reptilienhirn reduzieren zu wollen.

21. Dracheneier – homöopathische „Schlangen-Kügelchen"

Normalerweise findet man Dracheneier nur auf Traumreisen ... aber die homöopathischen Kügelchen, die aus Schlangengift oder anderen Teilen von Schlangen hergestellt werden, sind immerhin auch weiß und haben die Qualität der Schlangen ...

Es liegt nahe, im einem Buch über Drachen und Schlangen auch die Eigenschaften der homöopathischen Schlangenmittel einmal näher zu betrachten, um zu sehen, was sie zum Verständnis der Schlangen und Drachen beisteuern können. Leider sind die homöopathischen Kenntnisse über die Schlangen recht einseitig, da sich die bisherigen Untersuchungen auf die besonders gefährlichen Schlangen konzentriert haben. Daher finden sich die bisher untersuchten Schlangen nur in drei der sechzehn Schlangenfamilien – die Qualitäten der übrigen dreizehn Familien sind noch völlig unbekannt. Vierzehn der einundzwanzig untersuchten Schlangen finden sich in der Familie der Vipern und davon wiederum neun in der Unterfamilie der Grubenottern, zu denen unter anderem die berüchtigte Klapperschlange gehören.

Die homöopathische Untersuchung der Boa und der Kreuzotter oder auch einer Kobra sind einfach reizvoller gewesen als die einer harmlosen Ringelnatter, vor der sich nur die Mäuse zu fürchten brauchen ...

Einige Eigenschaften haben alle bisher bekannten homöopathischen Schlangenmittel gemeinsam. Diese Eigenschaften ergeben sich aus dem Aufbau ihres Gehirns: Die Schlangen haben als höchste Gehirnstruktur das Kleinhirn, da bei ihnen das Großhirn kaum entwickelt ist. Daher werden die Schlangen fast ausschließlich von dem Überlebenstrieb und dem Sexualtrieb gesteuert, während Gefühle und das Erfassen komplexer Zusammenhänge weitgehend fehlen.

Die homöopathischen Schlangenmittel werfen daher ein Spotlight auf den Selbsterhaltungstrieb und den Sexualtrieb der Homöopathen, die im Selbstversuch ein Schlangenmittel einnehmen, um seine Eigenschaften zu erforschen. Das Hauptthema aller Schlangenmittel ist daher die bisherige Nichtintegrierung dieser beiden Triebe in die Gesamtpsyche.

Die Schlangenmittel eignen sich daher vor allem zur Reintegration der Sexualität und zur Heilung der extrem machtfixierten Selbstbehauptung – eben zur Heilung und Integration der Aufgaben des Kleinhirns in das Gesamthirn.

Diese beiden Hauptqualitäten des Kleinhirns finden sich in der Mythologie zum einen in der Verbindung der Schlangen und Drachen zur Lebenskraft wieder und sekundär auch in der Symbolik der Seelenzeugung im Jenseits. Die Lebenskraft zeigt sich am allgemeinsten in der Selbsterhaltung und am heftigsten in der Sexualität. Auch die Kundalinischlange ist in erster Linie der umgewandelte Sexualtrieb – im Orgasmus kreist die Lebenskraft, d.h. die Kundalinischlange im untersten Chakra und nach der Befreiung der Kundalini kreist sie durch alle sieben Chakren und in der gesamten Aura in einem deutlichen größeren und intensiveren „Orgasmus".

Viele bei gesunden Menschen nach der Einnahme von Schlangenmitteln auftretende Phänomene, die somit auch die Phänomene sind, die bei Kranken durch die Schlangenmittel geheilt werden können, haben mit der Sexualtiät zu tun: große Geilheit, gefühlsloser Sex, gewaltsamer Sex, sexuelle Ausstrahlung, Eifersucht, Rache u.a.

Schlangen gelten in der japanischen Mythologie als sehr eifersüchtig und man sagt in Japan, daß sich eifersüchtige Frauen als Schlangen reinkarnieren ... Hier findet sich wieder die Dämonisierung der Muttergöttin.

Aus der Nichtintegration der Sexualität ergibt sich oft ein Doppelleben, eine gespaltene Persönlichkeit – und die Suche nach der Lösung der Probleme ausschließlich mit dem Kopf.

Andere Eigenschaften der Schlangenmittel beziehen sich auf den kaltblütigen geführten Überlebenskampf: plötzlicher Angriff aus dem Hinterhalt, Flucht oder Verstecken, Verschwörungen, Argwohn, Manipulation. Thematisch eng damit verbunden sind die durch die Schlangenmittel deutlich geschärften Sinne.

Aus solch einer Fixierung auf den Überlebenskampf, in dem jeder gegen jeden steht, ergibt sich natürlich auch eine große Isolation, Einsamkeit, Schmerz und Unverstandensein – zumindest aus Sicht der Menschen, die als ausgesprochen soziale Wesen eigentlich nicht das das Einzelgängerleben der Schlangen anstreben.

Durch die enge Verbindung der Schlangen mit der Lebenskraft ergibt sich auch eine enge Verbindung der homöopathischen Schlangenmittel mit der Magie, dem sechsten Sinn, also telepathische und telekinetische Fähigkeiten sowie das Vorhersehen der Zukunft.

Diese allen Schlangenmitteln gemeinsamen Eigenschaften entsprechen somit ganz der Mythologie der Schlangen – wie ja auch nicht anders zu erwarten war, da sowohl die Mythologie als auch die Homöopathie eine genauso präzise Beschreibung der Welt wie z.B. die Biologie sind, wenn auch auf eine ganz andere Weise.

Auch hier wird wieder die nahe Verwandtschaft der Schlange mit dem Sternzeichen Skorpion deutlich, das bisweilen auch als Schlange und seltener auch als Adler dargestellt wird – entsprechend dem mythologischen Zusammenhang zwischen der Jenseitsweg-Schlange und dem Seelenvogel-Adler.

Einige Symptome der Schlangenmittel ergeben sich ganz einfach aus der Jagdmethode der Schlangen: Aus dem Erwürgen der Beute bei den Riesenschlangen bzw. dem Ersticken durch Nervengift bei den Vipern ergeben sich die Symptome Enge im Hals, Würgen, Halsschmerzen und Sprachschwierigkeiten. Aus dem Töten durch Gifte ergeben sich auch die Symptome Delirium, Ohnmacht, Alkoholismus, Fieber, Hautentzündungen und Herzklopfen.

Die größte Gruppe der Schlangenmittel findet sich in der Unterfamilie der Gruben-ottern: Lanzenotter, Mokassinschlange, Klapperschlange, Waldklapperschlange und Buschmeister. Diese Schlangengruppe hat zusätzlich zu den allgemeinen Schlangen-mitteln (soweit sich das beim Stand der Forschung schon erkennen läßt) nur wenige speziellere Eigenschaften, zu denen vor allem die Betonung der Eiseskälte in der Aggression gehört.

Die Grubenottern haben in der „Grube" zwischen ihren Augen und ihrer Nase ein Organ zur Wahrnehmung von Temperaturunterschieden von $0,003°C$, also ein extrem effektives „Infrarotsichtgerät", durch das sie auch im Dunkeln warmblütige Tiere er-kennen und fangen können. Man könnte daher vermuten, daß insbesondere die Mittel, die aus Schlangen dieser Familie hergestellt werden, die Hellsichtigkeit und ähnliche Fähigkeiten (das Sehen im „Dunkeln" ohne „Augen") fördern – was aber noch näher untersucht werden müßte.

Das Gift der Vipern wirkt generell blutgerinnend, wodurch es zur Verstopfung der Adern und somit zum Tod kommt. Man könnte in Analogie dazu vermuten, daß diese Schlangenmittel eine Tendenz zu Blockadetechniken und zum Auflaufenlassen von Feinden haben – aber auch das müßte noch überprüft werden.

Nah verwandt mit den Grubenottern ist die Unterfamilie der Echten Vipern – beide gehören zur Familie der Vipern. Von den echten Vipern wurden bisher die Kreuzotter und die Hornviper näher untersucht.

Diese Unterfamilie hat im Vergleich zu den Grubenottern eher passive Merkmale: Scham, Schuldgefühle, Gewissensbisse, Totstellreflex, Rückzug ...

Mythologisch würde dieser Rückzug dem Tod entsprechen – aber diesen Zusam-menhang gibt es bei allen Schlangen ...

Die Familie der Giftnattern ist etwas weiter entfernt von den eng verwandten Grubbenottern und den Echten Vipern, aber sie gehört noch zu derselben Überfamilie innerhalb der Schlangen. Innerhalb der Familie der Giftnattern sind bisher die Koral-lennatter, die Schwarze Mamba und die Kobra näher untersucht worden.

Bei den Giftnattern fällt als gemeinsames äußeres Merkmale auf, daß ihr Gift auf die Nerven wirkt und daher zum Tod durch Atemstillstand führt – im Unterschied zu dem Gift der Grubenottern und der echten Vipern, das auf das Blut wirkt. Man könnte das diesen Schlangenmitteln gemeinsame Schwanken zwischen Extremen mit dem Wechsel von Aus- und Einatmen vergleichen – aber das ist zunächst einmal nur ein vager Verdacht.

Unter den zusätzlichen, spezielleren Wirkungen der Schlangenmittel dieser Familie fällt vor allem die Betonung der Zweifel und des Gefühls der Sinnlosigkeit auf, die vor allem bei dem Kobramittel auch zu einem eher formalen und nicht wirklich lebendigen spirituellen Streben führen können. Möglicherweise entsprechen diese Zweifel, diese Sinnsuche und dies spirituelle Streben in der Mythologie dem Weg vom Diesseits ins Jenseits, auf dem die Schlangen die Toten, die Schamanen und die Mystiker führen, die ja ebenfalls nach der Wahrheit, dem Sinn und den Ahnen bzw. Göttern und der eigenen Seele im Jenseits suchen – und somit auch nach der Erleuchtung.

Verwandtschaftlich weit entfernt von diesen Giftschlangen findet sich in der Überfamilie der Riesenschlangenartigen die Familie der Riesenschlangen, von denen die Boa constrictor und die Python als homöopathisches Mittel bekannt sind.

Wie bei diesen Würgeschlangen nicht anders zu erwarten, findet sich unter den typischen Symptomen dieser beiden Schlangenmittel Erstickungsangst, Enge, Depression, fehlender Orgasmus, Hungerstreik, Verschlafen, Vergessen ...

Man könnte den Unterschied zwischen den oft verteufelten „bösen" Schlangen und Drachen und den „guten" Schlangen- und Drachengottheiten auch anhand der homöopathischen Phänomene der Schlangenmittel definieren. Die verteufelte Schlange ist der kranke Zustand und die gute Schlange der geheilte Zustand. Somit würden zu den „bösen" Schlangen die Eiseskälte, die Angst, die Aggression, die Sex-Fixiertheit und die Lieblosigkeit im Sex zählen, während die „gute" Schlange der geheilte Zustand dieser Themen wäre: Integration der Sexualität in die Gesamtpsyche, also vor allem die Verbindung des Sex mit dem Herzen; Heilung des gehemmten Selbsterhaltungstriebes (Angst, Verkriechen) bzw. des übersteigerten Selbsterhaltungstriebes (Aggression) zu einem ruhigen, gelassen und sicheren Im-Leben-stehen.

Die verteufelten Schlangen und Drachen symbolisieren in dieser Deutung den verschlossenen Weg zwischen Innen und Außen, zwischen Herz und Genitalien, zwischen Diesseits und Jenseits – und die „guten" Schlangen und Drachen symbolisieren entsprechend den offenen Weg zwischen diesen beiden Polen.

Die Verhaltensweisen und Fähigkeiten der Schlangen finden sich auch in den homöopathischen Qualitäten der Schlangenmittel wieder:

- plötzliche Bewegungen der Schlangen => unvermittelte Aggression;
- Giftbiß, dann Rückzug und auf den Tod der Beute warten => Attentat, Angriff aus dem Hinterhalt;
- Tarnfarben => Angriff aus dem Hinterhalt, Verstellen;
- durch Drohgebärden den Feinden Angst einjagen => Einschüchterungsversuche, Bluff;
- totstellen => Täuschung;
- starrer Blick => Hypnose, sich nicht öffnen, verstellen;

- im Magen alles auflösen außer Chitin und Horn => „ätzend" sein können;
- Häutung => Verwandlungen;
- temperaturabhängig => kein Ruhen in einer strahlenden Mitte, von der aus die gesamte Psyche integriert ist;
- Einzelgänger => Einsamkeit;
- Paarung: Kampf, Begattungsknäuel => die Sexualität ist ein wichtiges Thema, das eng mit der Aggression (Kampf) und mit ungewöhnlichen und eher unpersönlichen sexuellen Formen (Gruppensex) verbunden ist;
- Paarung dauert bis zu zwei Tagen => langdauernde (orgasmuslose) Vereinigung im Kundaliniyoga;
- Schuppen, Schale des Ei => „Rüstung", Charakterpanzer.

22. Das schlangenumgürtete Ei – Alchemie

In der Alchemie findet sich des öfteren das zunächst einmal seltsam anmutende Bild der Schlange, die ein Ei umwindet – schließlich brüten Schlangen ihre Eier nicht aus (Lediglich die den europäischen Alchemisten damals noch unbekannte Python wärmt für kurze Zeit ihre Eier).

Bei einem Ei geht es letztlich nicht um die Eierschale, sondern um das, was aus dem Ei herausschlüpft. Daher kann man vermuten, daß sich in dem Ei in dem beliebten Bild bei den Alchemisten der Stein der Weisen bzw. das Lebenselixier befindet – dabei ist der Stein der Weisen das Symbol der Seele (Gold) und das Lebenselixier eine späte, technische Variante der Milch der Muttergöttin.

Wenn man sich danach umschaut, was denn in der Mythologie so alles aus einem Ei schlüpft, kann man gelegentlich die Vorstellung finden, daß die gesamte Welt aus einem Ei hervorgekommen ist. Die älteste bekannte dieser Vorstellungen findet sich in Ägypten im Zusammenhang mit der Gänsegöttin Saret. In Griechenland erschafft die Göttin Eurynome die Urschlange und vereint sich dann mit ihr und legt danach in der Gestalt einer Taube das Weltenei, woraufhin sich die Schlange siebenmal um das Ei windet, aus dem schließlich alle Dinge in der Welt hervorkommen.

In diesen beiden Mythen findet man wieder die jungsteinzeitliche Vergrößerung eines Bildes aus der Natur auf Erdgröße, um auf diese Weise Vorgänge in der Welt als ganzes darzustellen zu können.

Die Schlange scheint hier die Verbindung zwischen der Göttin und somit auch dem Ursprung (der Geburt durch die Göttin) zum einen und der Schöpfung zum anderen zu sein. Die Schlange findet sich auch hier wieder auf dem Weg zwischen Diesseits und Jenseits.

Was macht die um das Ei gewundene Schlange nun bei den Alchemisten in dem konkreten, technischen Vorgang, auf den sich diese symbolischen Bilder beziehen? Drachen spucken Feuer ... So ist die Schlange unter anderem das Symbol des Feuers in dem Athanor genannten alchemistischen Ofen.

Dieser Athanor besteht aus einem würfelförmigen Ofen, auf dem eine sandgefüllte Kiste steht, in der sich ein verschließbares gläsernes Ei befindet. In diesem Ei befinden sich die beiden Substanzen, die sulphur und mercurius genannt werden und die wie das Yin und Yang der Chinesen oder das Feuer aus Muspelheim und das Eis aus Nifelheim bei den Germanen die beiden Ursubstanzen sind. In dem alchemistischen Glas-Ei werden diese beiden vermischten Substanzen wieder in ihre ursprüngliche Gestalt gebracht.

Dieser Vorgang, der „solve et coagula", also „lösen und binden" genannt wird, ist kein physikalisches Schweißen und auch kein chemisches Kochen, sondern ein biologisches Ausbrüten. Das bedeutet, daß die Schlange nicht nur das konkrete Feuer, sondern auch das Lebensfeuer, die Lebenskraft der Kundalinischlange ist, die in das Ei fließt. Die siebenfache Umringelung des Eies entspricht daher sowohl den sieben Planeten als auch den sieben Chakren.

Dieser Vorgang ist wie die Heilung einer Psyche: Die durch Traumata verzerrten Bilder in der Psyche werden durch die Lebenskraft aufgelöst („solve") und dann durch die Konzentration auf ein heiles Bild wieder neu zusammengesetzt („coagula"). In entsprechender Weise holt das Aufsteigen der Kundalinischlange oder ähnliche, die Lebenskraft fördernden Methoden wie das Rebirthing-Atmen die verzerrten und verdrängten angstbesetzten Bilder wieder ins Bewußtsein, wo sie dann durch die Konzentration auf das Bild des geheilten Zustandes umgewandelt werden können. Der Entsprechung zu diesem heilen Bild in der Heilung der Psyche ist in der Alchemie das Gebet und die Anrufung der sieben Planeten.

Die Auflösung der alten Formen, die in der Therapie als Krise erscheint, findet sich in der Alchemie als die Phase, in der die Substanzen in dem Glas-Ei zu einer schwarzen Masse werden. Diese Phase, die beim Gärtnern dem Kompost und bei einem Schmetterling der Puppe (in der alles flüssig geworden ist) entspricht, wurde von den Alchemisten sehr malerisch „caput corvi", der „Rabenkopf" genannt.

Bisweilen finden sich in der Alchemie auch zwei Drachen, die einander in den Schwanz beißen und so einen Kreis bilden. Diese Abbildung entspricht dem chinesischen Yin-Yang-Zeichen und hat auch dieselbe Bedeutung: die beiden polaren Grundgegensätze in der Welt, die sich miteinander im Gleichgewicht und in Harmonie befinden. Diesen Zustand bemühten sich die Alchemisten in der normalen Substanz in ihrem Glas-Ei bzw. in der Lebenskraft in dem Glas-Ei auf dem Athanor wiederherzustellen. Der Drache ist somit sowohl die Lebenskraft selber als auch in der Gestalt des ringförmigen Drachenpaares die zur ursprünglichen Harmonie zurückgekehrte Lebenskraft.

Häufiger als der Ring aus zwei Drachen ist der Ring aus einem Drachen. Er findet sich auch in der Mythologie als die Riesenschlange, die kreisförmig die Welt umspannt: Apophis bei den Ägyptern, die Midgartschlange bei den Germanen, der ringförmige Ozean in Schlangengestalt bei vielen Völkern in Westafrika ... auch die Vritra-Schlange, die in Indien den Somatrank auf dem Weltenberg bewacht, gehört zu dieser Symbolik.

Diese ringförmige Schlange wird meistens Uroboros genannt. Dies Wort setzt sich aus griechisch „oura" (Schweif) und „boros" (verschlingen) zusammen und bedeutet daher ganz einfach „die, die sich in den eigenen Schwanz beißt".

Diese ringförmige Schlange bzw. Drache symbolisiert den Zustand vor der Erschaffung der Welt, die Grenze zum Paradies, d.h. zum Jenseits und zum heilen Urzustand, die Ewigkeit, die Einheit vor der Schöpfung, die Einheit der Gegensätze, den Ursprung, den Zyklus von Leben und Tod, das ständige „solve et coagula", die Unsterblichkeit (besonders auf Grabsteinen), das Rad des Lebens (Buddhismus, Hindhuismus), die schlafende Kundalini und manchmal auch den Tierkreis.

Dieses das Ursprungsgeheimnis ausdrückende Bild verwendet man auch heute noch, wenn auch mit frustriertem Beigeschmack, in der Redensart „sich in den Schwanz beißen".

In der Alchemie findet sich bisweilen auch eine ringförmig gebogene Schlange mit dem Oberkörper eines Vogels. Hier hat sich wieder einmal die Kombination der Schlange als dem Weg ins Jenseits und dem Vogel als der Seele erhalten. Auch die „Basilisk" oder „König der Schlangen" genannte mythologische Riesenschlange hat den Körper einer Schlange und den Kopf eines Hahns und gehört somit in diesen mythologischen Zusammenhang. Der Blick des Basilisken versteinert und sein Atem ist giftig, worin sich vor allem seine Verbindung zum Weg ins Jenseits zeigt – hier ist die Schlange allerdings vom dem erhofften Helfer auf dem Jenseitsweg zu der gefürchteten Ursache für den Tod geworden.

23. Drachenzauber – der Umgang mit der Lebenskraft

Man kann so manche Irrwege gehen – und wenn man dabei gerade Magie betreibt und zudem die Verbindung zu den Drachen sucht, sind die heftigen Folgen dieser Irrwege nicht zu übersehen ...

Als ich 26 Jahre alt war, habe ich bei kleineren Aktionen von Robin Wood, der regionalen Untergruppe von Greenpeace, die sich für den Wald einsetzte, mitgemacht. Nach einer Weile hatte ich die Idee, daß man da doch auch etwas mit Hilfe von Magie unternehmen können müßte. Daher habe ich damals begonnen, mich mit Bäumen zu unterhalten, von denen ich immer wieder zu hören bekommen habe, daß ich nichts den Bäumen auf magische Art zu geben bräuchte, sondern daß wir mit dem sauren Regen u.ä. aufhören müßte - die Ursache des Waldsterbens liegt bei den Menschen und nicht bei den Bäumen.

Nun ja, ich hatte mir die Idee aber offenbar so sehr in den Kopf gesetzt, daß ich sie nicht loslassen konnte und schließlich den Plan faßte, zwölf Ringe in der Gestalt von Schlangen zu schmieden, weil die Erdkraft meist als Schlange dargestellt wird, und diese Ringe dann an verschiedenen Kraftorten zu vergraben und auf diese Weise eine Art Akupunktur der Leylines der Erde zu bewirken, um den Wald zu stärken. Es schien mir dann sinnvoll, einen dreizehnten Ring im Zentrum von Deutschland zu vergraben, wofür mir der größte deutsche Vulkan, der Vogelsberg nördlich von Frankfurt am besten geeignet zu sein schien.

Ich hab dann überlegt, wie man solche Ringe besonders kraftvoll werden lassen könnte und habe daraufhin am Frühjahrsvollmond als "Zeugungsfest" das Silber gesägt, am nächsten Vollmond die Streifen zu Ringen zusammengeschweißt, dann am übernächsten Vollmond die Löcher auf den Schlangenköpfen für die Turmaline gebohrt usw. bis dann nach neun Monaten auf Weihnachten, also dem Geburtsfest, die Turmaline in die Köpfe der Schlangen eingesetzt wurden. Der dreizehnte Ring war etwas größer als die anderen und hatte einen Rubin als Scheitelchakra-Stein.

Beim Schmieden habe ich dann alle Kräfte in die Ringe gerufen, die ich rufen konnte und habe dabei die ziemlich kraftvollen Schlangen- und Drachengedichte, die ich verfaßt hatte, ständig rezitiert. Inzwischen hatte ich auch einige Hexencoven und einzelne Magier gefunden, die einen Ring übernehmen und an einem Kraftplatz vergraben wollten. Seltsamerweise habe ich den dreizehnten Ring nie an jemanden weitergegeben und einen der zwölf Ringe auch oft selber getragen statt ihn zu vergraben, weil ich, während ich den Ring trug, eine Macht hatte, die ich sonst nie gespürt habe und meine Vorstellungen (magisch ausgerichtete Wünsche) sehr viel schneller in Erfüllung gehen ließ. Der Ring, den ich selber oft trug, fühlte sich zunehmend wärmer und schließlich fast heiß an, wenn ich wieder einmal etwas mit Hilfe von Magie zu erreichen versuchte – inzwischen war offenbar sehr viel Lebenskraft in dem Ring ... Lebensfeuer, Schlangenkraft, Drachenfeuer ...

Vermutlich ist inzwischen jedem Leser und jeder Leserin die Ähnlichkeit mit den Ringen aus dem „Herrn der Ringe" aufgefallen, aber ich habe damals nichts gemerkt. Nach einer Weile traten dann aber doch Zweifel bei dem einen oder anderen auf, sodaß wir schließlich Traumreisen zu den Ringen unternommen haben, was man ja normalerweise bei einem so großen Projekt schon vorher durchführt. Die Wesen und Kräfte, die uns dabei begegnet sind, waren uns durchaus nicht alle ganz geheuer.

Schließlich wurde nach und nach klar, daß ich mich mittlerweile in eine Art Besessenheit verstrickt hatte, in der vieles zusammenfloß: meine verdrängte Sexualität, mein Wunsch dem Wald zu helfen, meine Minderwertigkeitskomplexe, die Bilder aus dem „Herrn der Ringe", und auch eine Traumreise, die wir einmal zu fünft unternommen hatten und bei der ich mich leichtsinnigerweise in das Feuer eines Erdgeistes gestellt habe, das dieser gerade entzündet hatte - wodurch ich mich symbolisch in seine Gewalt begeben hatte. Vermutlich war dieser magische Fehltritt auf dieser Traumreise in den Feueraspekt der Erde der eigentliche Beginn dieser Besessenheit vom Erdfeuer ...

Als es dann daran ging, die Schlangenringe wieder zu zerstören, bin ich ziemlich aus der Fassung geraten, da sich das für mich so anfühlte, als sollte mir ein Arm amputiert werden - es war ziemlich heftig. Zu dieser Zeit wurde es dann auch für mich selber allmählich offensichtlich, daß ich nicht mehr ganz ich selber war und daß man diesen Zustand am ehesten als eine Besessenheit von den verschiedensten Schlangengeistern beschreiben kann, deren Einfallstor in mich eben meine verdrängte Sexualität war - bezeichnenderweise habe ich die Schlangenringe auch so geschmiedet, daß sie sich in den eigenen Schwanz beißen. Dadurch waren sie Entsprechungen zu den gefangenen Schlangenkräften wie z.B. der Midgardschlange Jörmungandr aus der germanischen Mythologie. Eine runde, aber "offene" Schlange wäre eine Entsprechung zu der freien, aber inaktiven Schlangenkraft gewesen und eine gestreckte, aufrechte Schlange hätte die erwachte Schlangenkraft der Kundalini aktiviert.

Wenn ich mit meiner eigenen Sexualität in Frieden gewesen wäre, wäre der Schlangenring vermutlich zu einem Symbol der Ganzheit geworden, aber so wurde er zu einem Symbol der verteufelten Schlange, die von dem Sonnengott bekämpft und getötet wird.

Beim Wiederausgraben und Zerstören der Ringe gab es viele heftige „Zufälle" wie auf der Autobahn platzende Reifen, Bäume, die bei völliger Windstille um stürzten u.ä.

Die eben erwähnte Erwärmung des Schlangenringes ist keinesfalls ein allein dastehendes magisches Kuriosum, denn auch im Kundaliniyoga wird der Körper schließlich heiß – Drachen speien Feuer, wie jeder weiß ...

Dieses Phänomen ist auch von Invokationen, also von Anrufungen von Gottheiten gut bekannt, bei denen dem Anrufenden, wenn er erfolgreich ist, häufig der „göttliche Schweiß" ausbricht, wie man dies im englischsprachigen Raum so schön bildhaft bezeichnet ... der Drache beginnt zu glühen, wenn er erwacht und sich zu regen beginnt ...

Wenn die Schlangenkraft in einem Menschen aufgrund seiner Ängste oder Traumata gefangen war und sich dann zu lösen beginnt, tritt ein Phänomen auf, das zunächst einmal etwas beunruhigend sein kann: der Körper beginnt unkontrolliert zu zucken und sich z.T. aufzubäumen. Dies kann von ein paar Minuten bis zu einer Viertelstunde oder auch noch länger dauern.

Dies Phänomen kann man sich recht einfach erklären: Eine gefangene Kraft liegt still, aber wenn sich die Fesseln lockern, beginnt sich die Kraft zu bewegen. Darauf reagieren wiederum die Fesseln und legen sie wieder still – woraufhin sich wieder die Kraft regt und Freiraum sucht. Das Zucken ist also der körperliche Ausdruck des sich langsam lösenden Gegeneinanders von Selbstausdruck und Selbstbeschränkung, von Bewußtwerdung und Verdrängung. ... der Drache schlüpft aus seinem Ei, schlüpft aus seinen Fesseln ...

Von diesem Phänomen des Zuckens des Körpers leitet sich der Begriff „Verzükkung" ab. Diese Verzückung tritt schon seit Hunderten von Jahren auch bei den Mystikern und Yogis auf, wenn sich ihre inneren Barrikaden aufzulösen beginnen. Dieses Phänomen ist auch sehr gut aus der heutigen Traumatherapie bekannt. Die älteste Beschreibung dieses „Zitterns" bei der Traumaheilung findet sich in einem fast viertausend Jahre alten ägyptischen Papyrus in dem Märchen „Bata und Anubis".

An dieser Stelle der Entwicklung, also wenn das Zucken auftritt, ist es nötig, sich auf das heile Bild auszurichten, dessen Aufbau davon abhängt, durch welches Angstbild die eigene Kraft ursprünglich blockiert worden ist. Wenn es z.B. die Angst vor dem Verlassenwerden war, dann hilft es an dieser Stelle z.B., sich in seiner Vorstellung der Muttergöttin in die Arme zu legen.

Dieses Zucken trat auch auf der in einem früheren Kapitel beschriebenen Traumreise zur Eulenmutter auf, während der der Körper meines Freundes zu zucken begann – ganz einfach, weil das Schweigen der Eulen, dem wir uns angeschlossen hatten, es den inneren Spannungen der verborgenen Traumata ermöglicht, an die Oberfläche zu steigen und sich in diesen Zuckungen zu zeigen. Auch ich selber kenne dieses Phänomen gut von Entspannungsübungen.

Diese Zuckungen finden sich auch noch an anderer Stelle in den alten Schriften beschrieben: Zu dem Bereich auf dem kabbalistischen Lebensbaum, der dem Mars entspricht und in dem man einem Drachen begegnen kann, gehört klassischerweise als Vision das „Lachen Gottes". Und was ist Lachen und Weinen anderes als dieses Zucken, wenn sich die Lebenskraft wieder befreit? ... das Zucken ist das Lachen des Drachen ...

Eng mit der „Verzückung" verwandt ist die „Begeisterung". Die Begeisterung findet, technisch gesehen, erst nach der Verzückung statt. „Be-geistern" bedeutet wörtlich „mit Geist versehen". Dieses Wort bezeichnet daher eine gelungene Invokation, durch die eine Gottheit den Anrufenden mit ihrer Qualität und ihrem Bewußtsein erfüllt. Diese Invokation ist dasselbe wie die Konzentration auf das heile Bild, wenn der Körper zu zucken beginnt. Die wörtliche Übersetzung von Begeisterung ins Lateinische lautet „Inspiration".

Diese Begeisterung ist mit dem Erlebnis der Hitze verbunden, da die Hitze die frei fließende Lebenskraft ist, die sich durch das Zucken gelockert hat und nun durch die Konzentration auf das heile Bild wieder ungehindert bewegen kann. Die Zunahme an im Körper fließender Lebenskraft ist dabei so groß, daß man sie eben als Hitze erlebt.

Auch dieses Zucken hat die 6Hz-Frequenz der Lebenskraft, die man u.a. auch am EEG des Traumzustandes oder am natürlichen Vibrato der menschlichen Stimme beobachten kann. ... wenn der Körper zu zucken beginnt, befreit sich der Drache aus seinen Fesseln, und wenn die Hitze und die Begeisterung hinzukommen, beginnt der Drache zu glühen, und wenn man dann schließlich das heile Bild wieder sehen kann und ihm ruht, schaut man seinem eigenen Drachen in die Augen ... dann erhält der eigene Drache wieder Flügel und strahlt und steigt empor und fliegt ...

Manche Menschen haben auch eine Schlange oder einen Drachen als Krafttier. Diese Menschen scheinen überwiegend zu den Feuerzeichen zu gehören, was gut zu den Schlangen und Drachen als Symbol der Lebenskraft paßt, die man als inneres Feuer erleben kann. Diese Menschen zeichnen sich wie die Schlangen durch Schnelligkeit und Heftigkeit aus, wobei die Menschen mit einem Drachen als Krafttier etwas besonnener zu sein scheinen als die mit einer Schlange. Beide haben, wie es scheint, einen großen Hunger nach Lebendigkeit.

Generell fördern die Schlangen und vor allem die Drachen den Fluß der Lebenskraft sowohl im eigenen Körper als auch in Gegenständen und in der Landschaft. Beim Umgang mit dieser Kraft hilft es, sich ihrer Dynamik bewußt zu bleiben und nichts zu forcieren ... Schlangen und Drachen sind die Lebenskraft und das Leben ist keine technische, sondern eine biologische Angelegenheit, weshalb man nicht versuchen sollte, die Dinge zu "machen" und „reparieren" und „produzieren", sondern sie lieber pflegen, fördern, anregen und nähren sollte. Dazu gehören Therapien, Meditationen und vor allem die Freundlichkeit zu sich selber und zu allen Bildern, Gedanken, Gefühlen und Impulsen, die man in sich findet.

Bei einem solchen sanften Vorgehen kann sich die Lebenskraft allmählich wieder befreien und es gibt keine so großen Krisen und vermeidbaren Zusammenbrüche wie bei dem Versuch, die Heilung mit möglichst viel Energie auf einmal „durchzuboxen".

24. Drachenspuren – Kornkreise

Haben Sie schon einmal einen gerade erst entstandenen Kornkreis betreten? Nein? Es lohnt sich! Auch die meisten völlig Ungeübten spüren dabei das heftige „elektrische Prickeln", das typisch für die Berührung von intensiver Lebenskraft ist. Es ähnelt der Wahrnehmung einer anderen Aura mithilfe der Hände und man könnte es ganz entfernt mit dem Prickeln in einem eingeschlafenen Bein vergleichen, das entsteht, wenn der Lebenskraftkörper des Beines, der sich durch das Abklemmen des Blutes und der Nerven partiell von dem materiellen Bein gelöst hatte, wieder mit dem Bein verbindet.

Dies ist dieselbe Kraft, die in den Ley-Lines fließt, die man als die „Akupunkturmeridiane" der Erde auffassen kann und auf denen die Kraftorte folglich die einzelnen Akupunkturpunkte sind.

Dafür, daß die Kornkreise aus den „Träumen der Drachen" entstehen, spricht auch, daß die allermeisten Kornkreismotive in der einen oder anderen Weise Energiefelder darstellen: kreisförmige Auren, Polaritäten, Fraktale, Entwicklungsdiagramme u.a. Schon beim Betrachten der Kornkreise fühlt sich fast jeder von der Überzeugungskraft dieser einfachen geometrischen Formen beeindruckt.

Man kann die Entstehung der Kornkreise auch menschenbezogener als kollektive Telekinese auffassen: Früher war das Jenseits im (unerreichbaren) Himmel, weshalb man alles, was mit dem Himmel zu tun hatte, in Visionen und nächtlichen Träumen in der Gestalt von Engel sah. Entsprechend traten auch die verschiedenen Wunder und Manifestationen innerhalb dieses Weltbildes auf. Inzwischen weiß fast jeder, das der blaue Himmel naturwissenschaftlich gesehen einfach eine Lichtbrechung an der Atmosphäre ist, und beim Fliegen mit einem Flugzeug kommt man dem Himmel auch recht nahe ohne daß man dort Engel herumfliegen sehen kann – der Himmel taugt also nicht mehr als Symbol für das Jenseits.

Daher traten nun ferne Planeten, die Außerirdischen und die Ufos an die Stelle des Himmels und der Engel, wobei die Form der Ufos offensichtlich von der Form der regelmäßig geformten Galaxien inspiriert ist – eine Linse mit einer Kugel im Zentrum. Daher werden heute in Visionen Ufos statt Engel gesehen und deshalb sind an die Stelle der religiösen Materialisationen die Kornkreise getreten.

Zum einen wirkt bei der Entstehung der Kornkreise die Lebenskraft mit – weshalb die Kornkreise die Kunstwerke der Drachen sind; und zum anderen wirken bei ihrer Entstehung die Bilder im kollektiven Unterbewußtsein der Menschen mit – weshalb die Kornkreise kollektive telekinetische menschliche Kunstwerke sind. Die Kornkreise entstehen durch die Kraft der Drachen und die Bilder der Menschen ... durch die Bilder im kollektiven Unterbewußtsein, dem die „Gesamtkundalini" der Menschen, der Erdfeuerdrache die Kraft gibt, sich zu materialisieren.

111

Die ersten Kornkreise waren einfache Kreisflächen („Ufo-Nester"), die dann vor ca. 30 Jahren zu Kreisringen mit Kreisflächen in ihrer Mitte wurden und sich dann immer weiter differenzierten.

Der praktische Nutzen dieser Kornkreise ist mindestens dreifach: Erstens sind sie einfach ein ästhetischer Genuß, zweitens ermöglichen die frischen Kornkreise ein sehr direktes Erleben intensiver Lebenskraft, und drittens ermöglichen die Kornkreise die Betrachtung grundlegender Formen und Muster, die sich in dem kollektiven Unterbewußtsein der Menschen befinden.

25. Das Auge des Drachens – moderne Mythen

Gibt es eine bessere Illustration eines Menschen mit dem Charakter einer Schlange als Severus Snape aus Harry Potter? Er ist aggressiv, verbirgt sein Inneres, kennt sich wie kaum ein anderer mit Schwarzer Magie aus, lehrt das Brauen von Zaubertränken (die die undurchsichtigste und verborgenste Form der magischen Einflußnahme ist und dem Gift der Schlangen nahesteht), er ist sehr vielschichtig, ist ein Doppelagent, strebt eigentlich nach Liebe ohne dies in irgendeiner Weise zu zeigen, ist hinterhältig und gemein, ist kalt und steht zugleich unter heftigsten inneren Spannungen ... und leitet das Haus Slytherin, dessen Symbol die Schlange ist.

Snape ist in den sieben „Harry Potter"-Bänden die nach Heilung strebende Form der Schlange, während Voldemort die sich immer weiter ins Extrem der Rücksichtslosigkeit, des Machtstrebens, der Angst vor dem Tod und der Kälte und der Einsamkeit entwickelnde Form der Schlange ist.

Während die Qualitäten der Schlange in „Harry Potter" noch sehr differenziert dargestellt werden, erscheinen die Drachen im „Silmarillion", im „Hobbit" und im „Herrn der Ringe" als Geschöpfe des Bösen, die entweder im Auftrag des Morgoth, also des Bösen schlechthin, oder selbstständig handeln.

Zwei der bekanntesten Drachen stammen von dem Schriftsteller Michael Ende: Frau Mahlzahn in „Jim Knopf" und Fuchur in „Die unendliche Geschichte". Fuchur ist von vorneherein ein guter Drache wie die chinesischen Drachen und Frau Mahlzahn verwandelt sich am Ende der Geschichte in einen guten Drachen – eine Heilungsgeschichte der alten Dämonisierung der Schlangen und Drachen.

Zur Zeit sind vermutlich die Drachen aus „Eragon" am bekanntesten. In diesem Fantasy-Romanen sind die Drachen die Reittiere der Menschen und ihr Leben ist an das Leben ihrer Reiter gebunden.

Der Film „Die Herrschaft des Feuers" hat eine eher einfache Handlung: Der Kampf der Menschen und Drachen um die Vorherrschaft auf der Erde. Dies ist eine Erweiterung des alten Drachenkampf-Motives.

In dem Film „Dragonheart" ist die Handlung komplexer: Hier ist das Leben der Drachen an die Menschen gebunden, denen sie gehören, und es gibt sowohl gute als auch böse Drachen. Am prägendsten ist in diesem Film die enge Verbindung zwischen Drachen und Menschen, der sich im Drachenkult zeigt, in dem gemeinsamen Tod des Drachen-Menschenpaares, wenn einer von beiden stirbt, und auch in der Aufgabe der Drachen, sich um die Menschen zu kümmern.

In allen diesen Büchern und Filmen sind die Drachen immer eng mit der Magie verbunden ... die Magie ist der bewußte Umgang mit der Lebenskraft, die von den Drachen symbolisiert wird ...

Inzwischen sind Drachen aus der Fantasy-Literatur nicht mehr wegzudenken und es gibt wohl kein anderes Wesen, daß die Phantasie der Menschen derart angeregt hat.

Man kann sich natürlich fragen, was solche Geschichten wohl wert sein mögen – ob sie mehr als bloße Unterhaltung sind. Bei den meisten Geschichten findet sich zumindest auch ein Bild oder eine Mythe, die den Hintergrund der Geschichte bildet und somit diese Mythe lebendig erhält und weiterentwickelt.

Bei den Drachen ist dieses Bild in der Regel der Kampf des Guten (Engel) gegen das Böse (Drache) oder die Auffassung der Drachen als Reittiere sowohl der Bösen als auch der Guten – was der Auffassung der Drachen als der Lebenskraft schon sehr viel näher kommt.

Auch die Auffassung der Drachen als der Kundalini kann man in einigen, seltenen Fällen begegnen. Dabei sind die Drachen dann bisweilen auch mit der Unsterblichkeit verbunden wie z.B. in dem Romanzyklus „Dune", in dem die riesigen, drachenartigen Sandwürmer ein Sekret absondern, dessen Verzehren wie das Lebenselixier ein sehr langes Leben verleihen.

Auch die alten Mythen sind dadurch entstanden, daß Menschen über die Welt nachgedacht haben und vor allem auch dadurch, daß sie Visionen hatten, die sie dann weitererzählten. Eine Vision zu haben und sich eine Geschichte auszudenken, kann sich unter Umständen recht nahe kommen.

Veränderungen in diesen Visionen, Gedanken und somit auch den Mythen entstehen besonders dann, wenn sich die Lebensumstände der Menschen grundlegend ändern – wie dies auch derzeit der Fall ist. An die Stelle des Materialismus und des freien Wettbewerbs, die ein eher pubertäres „jeder gegen jeden" waren, tritt zur Zeit nach und nach ein ein etwas erwacheseneres Verhalten, das durch Kooperation und Ökologie, durch Streben nach persönlicher Entwicklung und Reife, sowie durch die Synthese von Innen und Außen, von Bewußtsein und Materie, von Naturwissenschaft und Spiritualität gekennzeichnet ist.

Man kann wohl davon ausgehen, daß sich in diesem Zusammenhang die Lebenskraft und ihre Erhaltung zu einem wichtigen Motiv entwickeln werden. Dabei wird der Kampf mit dem Drachen sehr wahrscheinlich verblassen und an seine Stelle die Erkenntnis treten, daß die Lebenskraft in allen Dingen und Lebewesen ist und daß sie in jedem Menschen in der Form der schlafenden Kundalini als unerwecktes Potential ruht.

Dabei wird die Wachheit und das Lenken der Lebenskraft nicht aufhören, aber es wird an die Stelle des Kampfes mit der Lebenskraft das Kennenlernen der Lebenskraft und ihrer Eigendynamik treten – so wie dies ja schon in genau dieser Weise in der Traumatherapie stattfindet.

An die Stelle des Schwertes des Erzengels Michael, das gegen den Drachen erhoben wird, wird wahrscheinlich wieder der Stab des Gottes Hermes treten, um den sich die Schlangen emporringeln und mühelos den Bewegungen der geflügelten Sonne an der

Spitze des Stabes folgen werden. Diese Flügelsonne ist wie die Wunschperle, der die chinesischen Drachen folgen, das klare Bewußtsein, das seine gesamte Situation überschaut und wie ein Erwachsener bestimmt und freundlich (sowohl zu sich selber als auch zu den anderen) handelt.

Der Drache könnte somit zu dem Symbol der eigenen Lebendigkeit, zu dem Symbol der Lebendigkeit aller Wesen auf der Erde, und zu dem Symbol der Heilung werden.

26. Die Verwandlungen des Drachens – Wachstum

Die zu jeder Schlange gehörenden, individuellen biologischen Verwandlungen sind das Schlüpfen aus dem Ei und danach die periodischen Häutungen, die dadurch notwendig werden, daß die Schlange wächst und daher ihre Haut ihr zu eng wird.

Die erste Weitung der Bedeutung der Schlange für den Menschen zu einem Symbol für den Weg ins Jenseits hat spätestens zu der Zeit der altsteinzeitlichen Höhlenmalereien, vermutlich aber schon deutlich früher stattgefunden hat. ... der Tod ist die größte aller Verwandlungen ...

Die nächste kollektive Bedeutungswandlung der Schlangen für die Menschen fand zu Beginn des Ackerbaus in der Jungsteinzeit statt. So wie die Urmutter nun zu Mutter Erde und zur Himmelmutter „vergrößert" wurde, wurde unter anderem auch die Schlange zum Jenseitsweg vergrößert und reichte nun den gesamten Weg in die Unterwelt hinab bzw. den Weltenbaum hinauf.

Als nächstes begann die Riesenschlange ihre Gestalt zu verwandeln, indem sie sich mit dem Seelenvogel verband und entweder dessen Federn erhielt oder dessen Flügel, manchmal auch dessen Kopf. So entstand die Federschlange Quetzalcoatl, der geflügelte Drache und der hahnenköpfige Basilisk.

Durch die Übertragung der gesamten mythologischen Symbolik auf den Menschen wurde der Weltenbaum zur Sushumna, die Blüten am Weltenbaum zu den Chakren, die in der Sushumna und den Chakren fließende Lebenskraft zu der Kundalinischlange usw.

Der Allmachtsanspruch des Königs und in der Folge davon auch des Königs-, Sonnen- und Himmelsgottes kam es zur Bekämpfung und Unterwerfung der Riesenschlange bzw. des Drachen, da in dieser Epoche das rhythmische Sterben und Wiedergeborenwerden unakzeptabel erschien und der König und später alle Menschen ein ewiges Leben anstrebten.

In der heutigen Zeit bahnt sich wieder eine Verwandlung des Drachen an. Diesmal ist die Globalisierung die Ursache: die Erkenntnis, daß alle Dinge Teile eines großen Ganzen sind und alles miteinander verflochten ist. Dies gilt für die Materie und auch für die Lebenskraft und ebenso für das Bewußtsein. Daher erscheint die Lebenskraft eines einzelnen Menschen als ein Teil der alles umfassenden Lebenskraft der Erde, die des öfteren als die Göttin Gaia personifiziert wird.

Es ist nun kein großer Schritt mehr, auch die gesamte Lebenskraft der Göttin Gaia als einen Drachen aufzufassen: das Erdfeuer ist die Kundalinischlange der Göttin Gaia. Die Bewegung dieser Kraft ist dieselbe wie in einer menschlichen Aura, in der die Lebenskraft in der Mitte des Körpers wie in einem Springbrunnen als Strahl aufsteigt, sich dann oben über dem Scheitelchakra zu einer Fontäne entfaltet und schließlich wieder als Tropfen außen an der Aura zum Wurzelchakra hinunterströmt.

In dieser Weise bewegt sich auch das Magnetfeld in der Erde: Es fließt von einem Pol zum anderen, entfaltet sich dann über dem Pol zu einer Fontäne, die bisweilen durch den Sonnenwind als Nordlicht sichtbar wird, und fließt dann rings um den Globus wieder zu dem anderen Pol zurück. Das Nordlicht ist die Entfaltung des Drachen, die Weitung des Drachen, der Selbstausdruck des Drachen ... die Freude des Drachen ...

Diese Lebenskraft hat ihr Zentrum in dem glühenden Inneren der Erde – in dem Herzchakra der Göttin Gaia. Von dort aus strömt zu jedem Menschen Lebenskraft empor. Diese Lebenskraft kann in der Gestalt eines Drachen von jedem erlebt und auch bewußt gerufen werden – sie steigt dann als Kundalinischlange im menschlichen Körper auf. Jede individuelle Kundalini ist ein Funken von der Kundalini der Göttin Gaia – die durch das Kundaliniyoga im Menschen erwachende Hitze ist eine Flamme des Erdfeuerdrachens.

Das Urbild der Menschen ist die Muttergöttin – und zu ihr führt die Schlange die Toten und die Schamanen und die Traumreisenden. Daher ist zunächst einmal die Kundalini der Urmutter das Urbild der Kundalini eines jeden einzelnen Menschen. In ähnlicher Weise ist z.B. bei den Ägyptern der Gott Osiris das Vorbild und Urbild der Menschen, weshalb der Weltenbaum als sein Rückgrat angesehen wurde.

Auf Traumreisen kann man erleben, daß jede einzelne Tierart eine solche Muttergöttin hat: die Löwen eine Löwenmutter, die Eulen eine Eulenmutter, die Orcas eine Orcamutter usw. Alle diese Muttergöttinnen der Menschen und der Tiere sind ein Teil der Göttin Gaia, der gesamten Erde. Auch die Pflanzen haben einen solchen Pflanzengeist und auch in den Pflanzen gibt es eine solche Konvektionsströmung der Lebenskraft wie in der menschlichen und in der tierischen Aura. Auch die Mineralien haben einen solchen Geist und eine solche Lebenskraft und vermutlich bewegt sich auch in ihnen die Lebenskraft in derselben Weise.

Daraus ergibt sich ein großes, die gesamte Erde umfassendes Bild, das aufgrund seiner vielen Bestandteile sehr komplex ist, und das aufgrund seiner immer wiederkehrenden Grundform der Konvektionsströmung in einer Kugel („Springbrunnen") sehr schlicht ist. Dieses Bild besteht aus der Materie und aus der Lebenskraft, die ein kollektives Unterbewußtsein bildet, in dem die Lebenskraft in einer Konvektionsströmung fließt.

Der Gesamtkörper ist die Erde, dessen Gesamtlebenskraftbewegung der Erdfeuerdrache ist und deren Bewußtsein die Göttin Gaia ist.

Dieser Körper der Erdgöttin ist dann wieder in die Menschen, die einzelnen Tier-, Pflanzen- und Mineralarten unterteilt, wobei die jeweilige Art den Körper bildet, die jeweilige Muttergöttin das kollektive Unterbewußtsein und die Lebenskraft in der Muttergöttin die kollektive Kundalini ist, die in dieser Art in einer Konvektionsströmung fließt.

Schließlich findet sich ein Körper, ein Bewußtsein und ein Lebenskraftkörper in jedem einzelnen Wesen, in dem diese Lebenskraft wieder wie ein Springbrunnen aufsteigt, sich ausweitet, außen wieder niederströmt und sich dann aufs Neue im untersten Chakra konzentriert.

Der Drache wird in dem Weltbild der derzeit neu entstehenden Epoche daher vermutlich ein komplexes Bild werden, in der der Drache als die Lebenskraft in der Erde als Ganzes, als die Lebenskraft in in dem „Gruppengeist" jeder Art von Wesen (Mutter) sowie als Lebenskraft in jedem einzelnen Wesen erscheint. Dabei umfassen diese Wesen die Menschen, Tiere, Pflanzen und Mineralien sowie schließlich auch noch Landschaftsformen wie Berge und Seen.

In der folgenden Tabelle sind diese Wesen und ihre Lebenskraft mit Beispielen aufgeführt:

Der Drache		
1. Ordnung: *Erde*	**2. Ordnung:** *eine Art von Wesen*	**3. Ordnung:** *ein Einzelwesen*
Körper: Erde *Bewußtsein:* Göttin Gaia *Lebenskraft:* Erdaura *Drache:* Erdfeuerdrache	**1. Gruppe: Menschen** *Körper:* alle Menschen *Bewußtsein:* Urmutter *Lebenskraft:* Urmutter-Aura *Drache:* Urmutter-Drache	**1. Gruppe: Menschen** *Körper:* ein Mensch *Bewußtsein:* Bewußtsein *Lebenskraft:* Aura *Drache:* Kundalini
	2. Gruppe: Tiere *Körper:* alle Pferde *Bewußtsein:* Pferdemutter *Lebenskraft:* ihre Aura *Drache:* Pferdemutter- Drache	**2. Gruppe: Tiere** *Körper:* ein Pferd *Bewußtsein:* Bewußtsein *Lebenskraft:* seine Aura *Drache:* Pferd-Kundalini
	3. Gruppe: Pflanzen *Körper:* alle Fichten *Bewußtsein:* Fichten-"Elf" *Lebenskraft:* seine Aura *Drache:* Fichtenelf-Drache	**3. Gruppe: Pflanzen** *Körper:* eine Fichte *Bewußtsein:* ihr Bewußtsein *Lebenskraft:* ihre Aura *Drache:* Fichten-Kundalini
	4. Gruppe: Mineralien *Körper:* alle Opale *Bewußtsein:* Opal-"Zwerg" *Lebenskraft:* seine Aura *Drache:* Opalzwerg-Drache	**4. Gruppe: Mineralien** *Körper:* ein Opal *Bewußtsein:* sein Bewußtsein *Lebenskraft:* seine Aura *Drache:* Opal-Kundalini
		5. Gruppe: Landschaft *Körper:* Berg *Bewußtsein:* „Berggeist" *Lebenskraft:* seine Aura *Drache:* Berggeist-Drache

Schließlich gibt es noch eine individuell erlebte Verwandlung des Drachen. Normalerweise leben wir wie in einem Zimmer, das ein großes Fenster hat, auf das wir mit halbdurchsichtigen Farben nach und nach unsere Biographie gemalt haben – und durch dieses Fenster sehen wir die Welt.

Durch Meditationen und Therapien kann man schließlich so weit kommen, daß die Malereien auf dem Glas blasser und durchsichtiger werden und man dieses Fenster schließlich öffnen und dabei zunächst einmal kurze Blicke auf die Welt werfen kann –

ohne den Schleier der eigenen Biographie. Dieses Öffnen des Fensters ist ein weitreichender Schritt, da man dadurch aufhört, sich selber durch seine Grenzen zu definieren, und sich stattdessen durch die eigene Qualität erkennt.

Dieser Übergang wird oft als ein Sprung in einen Abgrund oder einen Sprung ins Leere erlebt. Eine erste Annäherung an diesen Zustand ist das Erlebnis der Durchsichtigkeit aller Dinge und der Durchlässigkeit aller Dinge, dem man in der Meditation begegnen kann. Manchmal wird dieser Zustand bzw. dieser innere Ort auch „Akasha-Chronik" genannt.

Zu diesem Zustand gelangt man über mehrere Schritte: Zunächst erreicht man die eigene Mitte, die eigene Seele, also das, was sich immer wieder inkarniert und zur Zeit in dem eigenen Körper lebt. In diesem Zustand ist das Fenster mit den Bildern aus der eigenen Biographie noch geschlossen.

Danach kommt man in den Bereich des Karmas, in dem das jeweils nächste Leben geformt wird bzw. in dem man nach einem Leben das zurückliegende Leben „verdaut". Man beginnt nun, die Bilder auf dem Fenster genauer zu untersuchen und sich zunächst einmal ihre Existenz und dann auch ihre Qualität bewußt zu machen.

Darauf folgt dann der Bereich, in dem man alle Informationen erlangen und alles sehen kann, was man will. In diesem Bereich kann sich das Bewußtsein und die Wahrnehmung daher auf einen großen Bereich ausdehnen, was bisweilen „Landschaftsbewußtsein" genannt wird, da man in diesem Zustand alles im Umkreis von mehreren Kilometern wahrnehmen kann. In den buddhistischen Meditationsanleitungen wird dieser Zustand ganz sachlich „Allwissenheit" genannt – aber keineswegs als die letzte Stufe der Entwicklung angesehen. In diesem Zustand kann man das eigene Fenster nach belieben öffnen und schließen.

Der auf den Zustand der Durchsichtigkeit folgende Zustand ist die Abgrenzungslosigkeit, in der man sich nicht mehr über seine eigenen Grenzen definiert. Dieser Zustand wird von Buddha unter anderem dadurch beschrieben, daß er sagt, daß man einen Erleuchteten an den vier grenzenlosen Eigenschaften erkennen kann: grenzenlosen Gleichmut, grenzenlose Freundlichkeit, grenzenlose Liebe und grenzenlose Freude. Dieser Übergang entspricht dem Übergang von der festen und abgegrenzten Materie zu der abgrenzungslosen Energie. Dieser Bereich ist der Bereich der Gottheiten. In ihm hat man sein Fenster vollkommen geöffnet und schließlich abmontiert und schaut nun ungehindert in die Welt hinaus, sieht sie, wie sie ist – man ist ein Teil der Welt geworden, d.h. man erkennt und erlebt wieder, daß man ein Teil der Welt ist.

Unterhalb dieses abgrenzungslosen Zustandes kann die Lebenskraft und somit auch die Schlange bzw. der Drache noch als Bedrohung erscheinen, aber ab diesem Zustand nicht mehr. Ab hier wird das kollektive Unterbewußtsein zu einem kollektiven Bewußtsein – die Abgrenzungen des individuellen Bewußtseins haben sich aufgelöst ... Die Kundalini ist aufgestiegen, der Drache entfaltet seine Flügel, springt über den Rand des Abgrundes und steigt empor und glüht und leuchtet und singt und tanzt und strömt in sich selber und in der Welt ... einfach so, wie es seiner wirklichen Natur entspricht. Die unmittelbare Wahrnehmung der Dinge so wie sie wirklich sind, ist die größte individuell erlebbare Verwandlung des Drachen: Man beginnt selber die Welt mit den Augen des Drachens zu sehen ...

27. Drachenkraft - wie ein Drache leben

Was sind Drachen? Wie sind Drachen? Woran kann man sie erkennen? Was macht ein Drache? Und wie macht er es? Und warum?

Die Drachen winden sich wie Schlangen, sie sind die Lebenskraft, sie erscheinen in Traum und Vision und man erzählt über sie in den alten Geschichten ...

Die Drachen senden ihre Bilder und Gedanken durch Lebenskraft, sie bewegen die Dinge durch ihre Lebenskraft, sie ernähren sich von Lebenskraft, sie sind Lebenskraft, sie leben ohne Nahrung, sie sind Muster in der Lebenskraft ... sie ruhen in sich selbst, in der Lebenskraft ... sie sind friedlich und tanzen ihren Tanz, singen ihr Lied und nichts kann sie stören, denn sie brauchen nichts und sie sind in allem ...

Die Drachen sind die Begleiter der Muttergöttin, sie kennen das Jenseits – denn die Muttergöttin und das Jenseits sind die Lebenskraft und die Quelle der Lebenskraft und die Heimat und das Innen ...

Die Drachen fördern die Geburt aller Wesen im Diesseits und ihre Wiedergeburt im Jenseits und ihr Erwachen zu ihrem eigenen Drachentanz im Hier und Jetzt ...

Die Drachen führen die Suchenden zum Jenseitstor, zum Sehen der Lebenskraft, zum Erkennen des eigenen Lebenskraftkörpers, zur Verbundenheit mit der Lebenskraft, mit dem Leben, zum Trinken aus dem Kelch der Göttin, der jeden Durst löscht und der den Körper tanzen und das Leben feiern läßt ...

Der Drache ist die Regenbogenbrücke am Taghimmel und wenn er am Nachthimmel aufsteigt, erscheint hoch oben das Nordlicht ...

Der Riesendrache umspannt die gesamte Erde, denn er ist das Leben der Erde; der Königsdrache segnet jeden Tag aufs neue den König, denn er ist das Leben des Königreiches; der Kundalinidrache wärmt in jedem Augenblick den Körper des Menschen, der er ist sein Leben ...

Der Drache ist das Feuer des Lebens, das Feuer der Kundalini, das Feuer der Begeisterung, er speit das Feuer des Lebens als Segen für jeden, der es empfangen will ...

Der Drache singt mit einem tiefen, erfüllenden, befreienden Baß und sein ganzer Körper schwingt im Klang seines Liedes und auf seinem Leib bilden sich durch seinen Gesang Klangmuster und formen so seine funkelnden, wärmestrahlenden Schuppen ... und wenn der Drache zu lachen beginnt, öffnen sich alle Dämme, Tore und Wege ...

Der Drache fließt in Akupunkturlinien und glüht in Akupunkturpunkten, er strömt in Leylines und entflammt sich an Kraftorten ...

Der Drache schläft unter der Erde, schlängelt sich durch Steinreihen, tanzt in Steinkreisen, kennt alle verborgenen Pfade und singt das Lied des Sonnenaufgangs ...

Der Drache ist der segnende Regen, das lebenspendende Wasser und der Wind, der die Wolken bringt ...

Der Drache fliegt durch die Luft, geht auf Wasser, taucht durch die Erde, geht durch Felsen, ruht in flammender Glut – und schenkt denen, die seine Freunde werden, die Gabe, es ihm darin gleichzutun, und er schenkt ihnen seine Lebens-Magie, seine Wunder ...

Der Drache ist der Freund der Magier, die Freundin der Hexen, der Beschützer der Priester, die Segnende der Priesterinnen, der Begleiter der Yogis, die Begleiterin der Dakinis, die Begeisterung der Tänzer, die Melodie der Harfner ...

Der Drache ist der Schatz der Muttergöttin: der Trank des Lebens, die Blüte am Weltenbaum, der Apfel des ewigen Lebens ...

Der Drache wohnt im Labyrinth und alle Geheimnisse sind sein Zuhause, er kennt die Lösungen aller Rätsel des Lebens und des Todes, er schwingt sich den Welten-baum hinauf und in die tiefsten Höhlen hinab, er ist die Weisheit des Lebens ...

Der Drache ist die Regenbogenschlange, er ist der Zustand am Anfang und Ende und die Heilung im Hier und Jetzt, er ist der Begleiter der Sonne auf ihrem Weg durch die Nacht ...

Der Drache erweckt und heilt und entfaltet und sein Lachen löst jede Erstarrung der Lebenskraft auf, wenn sie sich seinem Schwingen öffnet ...

Der Drache singt und tanzt und schwingt und sein Lied und sein Winden und Schwingen läßt das Herz aufglühen und sich zu einer Blüte entfalten, nach oben und nach unten strahlen als Stab mit je zwei Schlangen neben ihm, und er läßt dort, wo sich Stab und Schlangen dreimal nacheinander kreuzen, je drei Chakren über und unter dem Chakra des Herzen erblühen – die sieben Chakren, die Gestalt der Lebens-kraft ...

Der Drache spricht durch Leben und Zeichen und den Zufall, durch Fügungen, durch verborgene Hilfen, durch sein Feuer und durch die Zeichen in den Getreide-feldern: Kreise, Ringe, Bögen, Komplexe Muster voller Geheimnisse ...

Der Drache ist in allen Dingen: im Allerkleinsten, in Atomen, Einzellern, Tieren, Pflanzen, Menschen, Steinen, Bergen, Seen, Flüssen, Sternen ...

Der Drache erschafft nichts selber, er ist die Schöpfung; er singt kein eigensinniges Lied, er ist ein Teil des Liedes des Schöpfung; er tanzt nicht gegen das Leben, er ist ein Teil des großen Lebenstanzes ...

Das Sonnenherz des Drachen ist ein Teil des Ganzen, ein kunstvoll gewundener Knoten in den endlosen Fäden, die in allem sind und die alles durchziehen und aus denen alles besteht ...

Die Drachen sind die frei fließende Lebenskraft ... Drachen fließen, tanzen, singen, leben, wachsen, lösen sich auf, entstehen neu ...

Die Drachen sind die Formen des Leben selber – sie sind Teile des Ganzen: der

Kundalinidrache des einzelnen Menschen ist Teil der Kundalini der Muttergöttin, die Teil der Kundalini der Erde ist, die Teil des Lebenskraftdrachen unseres Sonnensystems ist, der Teil des Feuerdrachen unserer Galaxie ist, der Teil der Schöpferkraft und des Lebens der Einheit hinter allem ist ...

Die Drachen sind ein Teil des Ganzen – und haben daher eine weite Sicht auf die Welt und auf sich selber ...

Die Drachen achten auf Zufälle, auf Zeichen, auf das Muster der Ereignisse, auf die Sprache des Lebens, die sich in jeder Kleinigkeit zeigt ...

Die Drachen sind Teil des Musters, sind das Muster, das Lebenslied und seine Melodien, Zeichen, Omen, Wunder ...

Die Drachen handeln nicht aus Vernunft, aus Überlegung, oder aus Sucht, aus Angst, sondern aus einem feinen Gespür für Richtigkeit, für den passenden Augenblick, für die Zeit, die reif geworden ist ...

Die Drachen vertrauen auf das Ganze, sind Teil des Ganzen, leben als Teil des Ganzen, schwimmen in Vertrauen, ihr Herz strahlt in Selbstliebe und in Liebe zur Welt und in Liebe zum Leben ...

Die Drachen leben aus dem gesamten Leben heraus und sind daher Wellen in dem einen Großen Fluß und handeln daher im Rhythmus des Großen Flusses und mit der Kraft des Großen Flusses des Lebens ...

Sie bewegen sich in eleganter Mühelosigkeit und Stärke und Effektivität und Harmonie ...

Drachen sind die Lebenskraft ... Drachen leben!

Wollen auch Sie Ihren Drachen erwecken?
Wollen auch Sie Ihr Leben tanzen wie ein Drache?
Wollen auch Sie zu einem Drachen werden?